Winners

Winners

El método para ganar clientes en la era Amazon

PABLO FONCILLAS

conecta

Papel certificado por el Forest Stewardship Council®

MIXTO
Papel procedente de
fuentes responsables
FSC® C117695

Primera edición: marzo de 2019
Tercera reimpresión: marzo de 2020

Printed in Spain – Impreso en España

ISBN: 978-84-16883-54-7
Depósito legal: B-2.120-2019

Compuesto en M. I. Maquetación, S. L.

Impreso en Black Print CPI Ibérica
Sant Andreu de la Barca (Barcelona)

CN 8 3 5 4 7

Penguin
Random House
Grupo Editorial

A mis abuelos, una fuente de inspiración constante
(saber de dónde vienes para saber adónde ir).

A mi madre, la mejor editora particular del mundo.

A mi padre, por sus consejos llenos de sentido común.

A mis hijas Gabriela y Adriana, por si no escribo otro libro,
para que tengan uno.

Y a Belén, la última en llegar al viaje y subirse a un coche
en marcha cargado de ilusión.

Índice

Prefacio

El marketing es responder a tres preguntas:

- ¿Qué vendo?
- ¿A quién se lo vendo?
- ¿Cómo lo voy a vender?

Pocas empresas saben hacerlo de forma clara. Las que saben, normalmente tienen éxito. Las que no, tarde o temprano fracasan.

Disponer de datos para abordar estas dudas resulta clave.

Llevo más de 20 años dedicados a la docencia y a la investigación, así como a la tarea ejecutiva, habiendo colaborado con unas 200 marcas en unos 25 países. En este libro he tratado de incluir datos (muchas veces de rabiosa actualidad, en ocasiones con algunos años desde su elaboración), pero sobre todo de dar ideas de fondo acompañadas de marcos conceptuales robustos y claros que ayuden a la acción directiva.

Soy profesor de comercial, anteriormente en el IESE como parte de su claustro y más recientemente desarrollo mi actividad docente en la San Telmo Business School y en el Instituto de Empresa Business School, todas ellas con un amplio reconocimiento internacional. Dentro de comercial hablo de innovación. Dentro de innovación, mi área de interés, donde investigo y publico, está ligada a cómo el digital enriquece y hace más complejo el proceso comercial. Es decir, cómo el digital te ayuda a conectar con tus clientes y, tras ello, a vender más.

Este libro es el resultado de años de lecturas y experiencia en el mundo de la innovación así como de investigación personal. En su elaboración, he utilizado (sin ánimo de ser exhaustivo, pero sí ilustrativo) centenares de fuentes que recogen información de decenas de países, múltiples libros, miles de páginas web, más de mil documentos, decenas de miles de gráficos y muchos vídeos, así como resultados de investigaciones realizadas por mí.

Durante las sesiones que doy cada año relacionadas con el mundo digital, he encontrado profesionales que quieren tener el último dato relacionado con el tema que estemos discutiendo. Me dicen que el mundo cambia muy rápido y que, si no estás al día (al minuto, parece), te quedas fuera.

Sin ánimo de restarle importancia a esa visión y tratando siempre de tener la información lo más actualizada posible, hay ideas, conceptos o tendencias que en digital (como en cualquier disciplina) se empieza a ver que son de fondo, cuya vigencia vengo observando año tras año. En este libro he intentado primar las ideas frente a los datos. En las próximas páginas trato de contar historias y no estadísticas, intento dar marcos conceptuales sólidos y consejos prácticos movilizadores, no datos. Persigo ayudar a pensar a los lectores, normalmente con preguntas y tratando de evitar dogmas.

Los datos en el ambiente de la empresa debemos tomarlos como lo que son, una aproximación de información que intenta explicar la realidad sobre la pregunta que se ha formulado. Los datos no toman decisiones. Los directivos, sí. De hecho, los directivos toman decisiones basándose en datos y no al revés. Así que veréis que cada dato aportado en las próximas páginas trata de arrojar algo de información en un contexto más amplio. No creo que nos deban obsesionar los datos y así trato de exponerlo.

Con ello quiero destacar la importancia de ver la tendencia de los datos, hacia dónde se mueven, y así extraer conclusiones para tus decisiones en el campo de la acción directiva.

Lo que persigo con el libro es ayudarte a ti, lector, a estar motivado para cambiar, ilusionarte por lo que se puede hacer y excitarte respecto a lo que viene. Me anima pensar que, con mi actividad (lo defino como las tres «C» dentro del mundo comercial: clases, conferencias y consulta), contribuyo a que los profesionales no teman al cambio ni al fracaso, sino que estén ansiosos por mejorar y avanzar.

Introducción

Me encantan las preguntas. Es la herramienta de gestión más poderosa que conozco. Muy pocas cosas son más potentes que una buena pregunta. Uno de los aspectos que más disfruto en mi actividad profesional es el de encontrarme con personas que ocupan cargos directivos en empresas de múltiples sectores en distintos países y formularles preguntas. Sé que en las respuestas está el futuro. Es un método infalible, de solvencia contrastada, que ha superado la prueba del tiempo porque tiene más de dos mil años de antigüedad y sigue tan vigente como el primer día. Sócrates lo impulsó. Con las preguntas correctas, los ejecutivos pueden tratar de anticipar las tendencias que vienen, descubrir lo que les preocupa, lo que les mata y lo que les da la vida.

En las preguntas muchas veces se encuentra la sutil diferencia entre el éxito y el fracaso, los deseos y los miedos, el reconocimiento y el olvido.

En los últimos años he trabajado con miles de participantes (los he tratado de contar y suman 23.343 a fecha de 1 de septiembre de 2018, desde el inicio de mi actividad docente a principios de 2001) a través de sesiones en todo tipo de programas que podríamos enmarcar dentro del desarrollo de capacidades directivas. En ese tiempo he impartido más de 350 conferencias a directivos de múltiples países a un lado y otro del Atlántico, con culturas, visiones, experiencias, problemas diferentes, pero con una preocupación gigantesca común:

- ¿Cómo puede el digital facilitar mi proceso comercial?
- ¿Cómo puede el digital ayudarme a conectar mejor con mis clientes?

Llevo muchos lustros dedicado a desarrollar procesos conceptuales que responden a cuestiones sobre el marketing y las ventas del futuro: ¿Cómo puedo continuar conectando con mis clientes? ¿Cómo atraigo a una nueva generación de consumidores que cambian sus hábitos a una velocidad nunca vista? ¿Cómo puedo destacar en la era de Amazon? ¿Cómo puedo aprovechar las ventajas de la omnicanalidad?…

Winners habla de todo esto. Es una «conversación» (unilateral, eso sí, porque la interactividad aún no ha llegado a tanto en el mundo de los libros) con todas las personas interesadas en conocer un método que les permita afrontar el futuro de las ventas con mucha calma, reflexionando en cada paso, sin dejarse arrasar por el huracán tecnológico que nos azota. Me gusta pensar que te estoy contando, mientras nos tomamos un café con leche, una cerveza o lo que corresponda, lo que yo haría con tu empresa/tu negocio/tu equipo directivo, si estuviera en tu lugar. Transmitir ideas de profesional a profesional, de colega a colega.

Una conversación llena de casos reales de empresas que lo han hecho bien y otras que han fracasado en el intento, para ser capaces de entender lo que funciona y lo que no. Ejemplos que nos permitirán estar mejor preparados para lo que viene: un mundo en el que conceptos como hiperservicio o servificación, que ahora nos suenan raro, se convertirán en el pan nuestro de cada día.

Porque uno de los *trending topics* empresariales de hoy en día es, sin duda, la Transformación Digital. A casi todo el mundo le asusta el apellido «Digital» cuando lo que debería preocuparnos es el nombre propio «Transformación». Y me cuesta entender por qué los directivos se obsesionan con el digital, cuando lo relevante es entender bien, con profundidad, la primera palabra: transformación.

TRANSFORMACIÓN digital.

Cambiar cuesta, y mucho. Como decía la profesora de la serie *Fama*: «La fama cuesta, y aquí es donde vais a empezar a pagar». Estamos sufriendo un cambio cultural. En mi experiencia el problema está en nosotros y no en el digital: debemos enfocarnos en cambiar la forma de operar en la empresa. Nos hemos pasado la vida entera hablando de poner toda nuestra atención en el cliente. Seguimos sin hacerlo. Y no nos va a quedar otro remedio porque la diferencia entre ganadores y perdedores estriba en entender al cliente. Y le escuchamos poco, en general.

Nos enfrentaremos a las barreras que cualquier negocio afronta a la hora de llevar a cabo la integración on-off. Es un camino duro, pero merece la pena transitarlo hasta llegar al reino de la omnicanalidad. Porque en ese camino descubrirás que tener más canales no solo no implica más costes, sino que incluso puedes reducirlos. Aprenderás que el comercio online no mata al físico, sino que lo complementa. Y que, quieras o no quieras, tu cliente espera que se lo des todo. Te adentrarás (y sobrevivirás) en la selva del B2B, que cada día se parece más al B2C. Te sorprenderás con el concepto de compra ambiental. Reflexionarás sobre las personas, los sistemas y los procesos que requiere tu empresa para afrontar esta transformación, este cambio. Verás cómo lo de menos es la tecnología y lo de más son las personas. La tecnología es lo último en lo que hay que pensar. La tecnología la compras, la desarrollas, la imitas, pero si me preguntas, estirando mucho el concepto, te diré que no importa.

Sobrevivir en la era de Amazon no es fácil, ni barato, ni se hace de un día para otro. Pero sí es un proceso apasionante que nos devuelve a los orígenes de nuestra actividad: volver a poner el foco en el cliente para entenderle de verdad y, utilizando la tecnología como herramienta, re-conectar con él de un modo mucho más profundo, generando relaciones que desembocarán —si lo hacemos bien— en transacciones.

Y dada la confianza que ya nos tenemos, te voy a adelantar las claves principales para conectar con esos clientes actuales y con los que vendrán. Porque, al final, se trata de eso: de buscar la mejor relación posible con las personas y entidades que generan tus ingresos, y de encontrar el camino para ampliar en el futuro tu base de clientes.

Una forma de trabajar que, aunque no lo sepan, siguen las empresas que lo hacen bien, que están consiguiendo conectar con sus clientes y se están preparando para todo lo que viene.

Quizá en el PowerPoint en el que están diseñadas sus estrategias comerciales no aparezca de esta manera, pero las empresas que realmente lo hacen bien aplican los tres principios RE de la omnicanalidad en tres pasos:

1. La RE-definición: redefinimos la visión, los equipos y los roles de nuestra compañía.
2. El RE-diseño: rediseñamos la integración de nuestros canales bajo una estrategia centrada en el cliente.
3. La RE-invención: reinventamos las capacidades necesarias para triunfar en el futuro.

Este proceso es circular, no lineal. Es algo iterativo, puesto que al llegar a la última etapa y RE-inventarnos, tenemos que volver a modificar los equipos y los roles (la visión no la tocas continuamente, si está bien definida) y así sucesivamente.

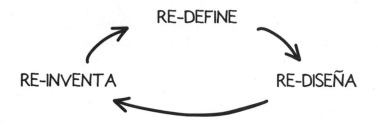

Por ello, la estructura que he seguido para construir este libro está alineada con estos bloques conceptuales surgidos de la investigación unida con mi experiencia, siempre desde una perspectiva de dirección general, con una mirada integradora de la empresa:

- *Capítulo 1*: Redefinición de la visión en las empresas del siglo XXI, en este viaje de unir moléculas con bits sobre cuatro dimensiones:

  –la compañía;
  –las personas que la conforman;
  –el diseño de experiencias, y
  –los servicios asociados.

  Aquí hablaremos sobre todo de cuestiones que tienen que ver con la dirección que debe tomar la empresa, el enfoque que debe tener la misma.
- *Capítulos 2, 3 y 4*: Rediseño de los canales entendiendo los principales retos de la integración on y offline, tanto en entornos B2C como en el mundo B2B. En estas páginas encontraremos temas de perfil más técnico.
- *Capítulo 5*: Reinventar las capacidades de los directivos y de los miembros del consejo de administración que hacen falta para desarrollar el digital en tu empresa, lo que enlaza de nuevo con el capítulo 1. Aquí hablaremos, por tanto, de los profesionales que deben llevar a la práctica este viaje de unir el on con el off.

De hecho, he tratado de expresar de una forma gráfica cómo se engarzarían estos tres principios con una visión integral de la empresa, es decir, con un enfoque de dirección general. Estaríamos hablando del «método WINNERS», un resumen de las ideas que veremos a lo largo del libro.

Para mí existen 6 pasos del método WINNERS que debemos tener claros:

1. Entender al cliente: Debemos escuchar al cliente, entender sus motivaciones y ponernos en sus zapatos. La mayoría de las empresas creen que lo hacen, pero en realidad pocas son las que de verdad tienen esto claro.
2. Re:
    a. Define
    b. Diseña
    c. Inventa…
    … los elementos comentados más arriba y sobre los que versa el libro.
3. Desarrolla tu estrategia uniendo lo mejor del mundo físico con lo mejor del mundo digital (physical + digital = phygital).
4. Diseña las experiencias que quieras darles a tus clientes.
5. Construye modelos de servicio avanzados como elemento de diferenciación.
6. Reconecta con tus clientes…

… y vuelta a empezar, porque esto es un proceso de mejora y ajuste que no termina nunca.

En todos estos pasos la tecnología se debe entender como una capa facilitadora, como la base que debes tener presente para poder construir el modelo. Estará en mayor o menor medida en cada uno de los pasos y será el aceite que engrase el modelo.

Sé que es muy fácil de escribir y que parece muy complicado de ejecutar. Espero que en este libro encuentres la guía que necesitas para que tu empresa pueda navegar triunfante por estos mares llenos de olas que levantan los portaaviones de Amazon, eBay, Alibaba y demás superbarcos que amenazan con conquistar todos los sectores y todos los mercados.

Y ya sabe: si no queda satisfecho, NO le devolvemos el dinero. Que esto va de hacer negocio.

1

La visión

Puede ser que te haya pasado cuando tenías 5 años. Tal vez, incluso antes. O después. Quizá sucedió en un parque. O en tu cumpleaños. O en clase de pretecnología, vete tú a saber. ¿Fue tu tía Marisa? ¿Tu abuela? ¿Tu vecino? ¿El del quiosco en el que comprabas los cromos de tu colección favorita? No sé cómo habrá sucedido en tu caso, pero estoy seguro de que, cuando eras pequeño, alguien se acercó para realizarte esta mítica pregunta:

—Y tú, Pablo, ¿qué quieres ser de mayor?

Lamento comunicarte que ese momento tan terrible ha vuelto a tu vida. Aquí estoy yo para preguntarte de nuevo: «¿Qué quieres ser de mayor?». Pero, a diferencia de tu tío Esteban o de tu profe de mates, que solo ponían cara de juez, voy a intentar ayudarte dándote pistas para que puedas reflexionar y responder a esta pregunta. Es el momento de invitarte a descubrir la visión de tu «yo» futuro. Una visión que te permita afrontar los retos comerciales que vienen, en una época en la que los cambios se suceden a un ritmo exponencial.

La grieta digital

¿Por qué nos cuesta tanto avanzar en la tarea de integrar el online y el offline en nuestra vida y en nuestro trabajo?

Me sigue impresionando conocer a personas a las que el online les asusta porque les parece algo muy nuevo. Creo que todos deberíamos tranquilizarnos, porque pienso que el online comenzó hace muchos, muchos, muchos años. Todo empezó hace 600 años, cuando Gutenberg inventó la imprenta y provocó el primer crack digital. Así que los humanos llevamos más de seis siglos adaptándonos a este tipo de cambios y de rupturas. Lo único que ha cambiado, en realidad, es el ritmo al que se producen los acontecimientos.

Esta idea, expresada como una preciosa historia, se la oí por primera vez a Ángel Riesgo, que la narró de manera maravillosa en una asamblea de la Asociación Española de Anunciantes, si no recuerdo mal, de la que yo era miembro. Su origen intuyo que se encuentra en el creador de los conceptos de «nativo e inmigrante digital», Marc Prensky,[1] que los popularizó en su artículo «On The Horizon», publicado en 2001.

EL TIMELINE DE LA GRIETA DIGITAL

1440 Gutenberg inventa la imprenta

1622 Primer periódico en Inglaterra

1742 Primer anuncio en una revista en Estados Unidos

1895 Marconi inventa la radio

1939 Primera emisión de TV cn Estados Unidos
1951 Nace el ordenador

1959 Primer microchip

1969 Internet

1972 El CD

1981 IBM lanza el PC

1986 Microsoft crea Windows 1.0

1989 MoviLine es el primer servicio de telefonía móvil español

1990 Nace el internet comercial

1993 Toshiba inventa el DVD

1994 La revista *Wired* cuelga el primer anuncio en la web

1998 Google

2003 Apple lanza iTunes

2004 The Facebook

2005 YouTube

2006 Google compra YouTube

2006 Más móviles que teléfonos fijos

2007 iPhone

2009 WhatsApp

2009 Bitcoin

2010 Instagram

2016 Realidad Aumentada

2018 Ordenador cuántico/Internet de las Cosas

¡Cómo no va a haber grieta, si todo va cada vez más rápido! Los cambios tecnológicos trascendentales que antes se producían cada 150 años, ahora se producen cada 15 meses. La velocidad exponencial del cambio es lo que puede asustarnos de verdad.

La gran grieta, el tremendo crack que se ha producido, separa dos mundos: un mundo de personas que han entendido las oportunidades que ofrece el digital y un mundo de personas que se preguntan todavía cómo puede afectarles el digital. Esa es la auténtica grieta digital. Y para saltar de un lado al otro nadie te pide el DNI. Es un tema de actitud y no de aptitud. La distinción entre nativos o inmigrantes digitales no es un tema generacional, sino de estudio, conocimiento y uso. Puedes ser joven y totalmente inmigrante digital, o nativo y tener 60 años. Estar a un lado u otro de la grieta lo determina, como dice Enrique Dans, colega del Instituto de Empresa Business School, que seas capaz de dominar la tecnología (no que uses aplicaciones sueltas de forma compulsiva).

Lady Gaga —pero ¡qué hacemos hablando de Lady Gaga en un libro tan de business como este!—, sin ir más lejos, lo ha entendido muy bien. Tuvo y tiene la visión correcta. Cuando estoy escribiendo este capítulo, Lady Gaga tiene 59 millones de seguidores en Facebook. Coca-Cola, por comparar órdenes de magnitud, 105 millones. Coca-Cola es una marca con más de 125 años en el mercado y uno de los mayores anunciantes del planeta. Lady Gaga es una marca que se lanzó en 2007 y apenas invirtió nada. ¿Cómo lo ha hecho?

Escuchando al mercado.

Conectar con tus clientes comienza por escuchar al mercado. Entender lo que al mercado le interesa. En los conciertos de Lady Gaga se interpretan sus canciones más escuchadas en Spotify en la ciudad donde se realice la actuación. En Berlín son unas, en Santiago de Chile otras y en Miami otras distintas. Y con esto consigue que en Londres se agoten las entradas para Wembley (casi 100.000 espectadores) en 45 segundos: en una cola que no podemos ver, en un espacio que no existe, en un lugar que no tiene fronteras y al que llamamos internet. Parece que, efectivamente, Lady Gaga se ha ganado su lugar en los libros de business.

Hablando de música, ¿te acuerdas de los CDs? Sí, hombre/mujer, sí, eran esas cosas circulares que brillaban y que, al introducirlas en una ranura, emitían sonidos que variaban, desde los producidos por la Orquesta Filarmónica de Filadelfia hasta el último hit reggaetonero del momento. Ya casi no compramos CDs, e incluso las descargas legales van retrocediendo ante el avance del streaming. Y es que la industria discográfica se ha convertido en el paradigma de sector damnificado por la grieta digital. Pero no está sola, ni muchísimo menos.

En el año 2006 presenté una conferencia sobre la grieta digital en la Asociación de Editores de Diarios. La sala olía a puro. Mucho pelo blanco, aunque varias cabezas lucían brillantes. Rápidamente me di cuenta de que a los participantes no les interesaba nada de lo que les hablaba. Que si la venta de billetes de avión, que si la venta de pisos por internet, que si la música. De hecho, lo único que les interesaba era el codillo: el codillo que se iban a comer justo después de mi scsión. Mi sorpresa fue tremenda ante el clima de tranquilidad general que se respiraba en la sala. Podía escuchar la palabra que tenían en la cabeza: «NO». «No, esto no nos va a pasar a nosotros. Tenemos rotativas, tenemos distribución, tenemos redacciones, tenemos grandes marcas… y somos muy influyentes.» Las redes sociales, las fake news, los nuevos mcdios han provocado que su modelo de negocio se vea obligado a transformarse de una manera radical. Muchos no han sobrevivido a este maremoto.

Existen diversas industrias a las que la grieta digital no les iba a afectar. Las aerolíneas, las librerías, los grandes *retailers*, el cine, todas estas industrias se decían: «Esto no nos sucederá a nosotros».

Sin considerarme un genio, fijarme en esto me lleva a pensar en que la industria en la que trabajas es candidata a la disrupción. Si no ha sido transformada ya, lo hará muy pronto.

Y lo impresionante es que los inmigrantes de la era digital somos los que tomamos el 90 % de las decisiones empresariales y, por extensión, todas aquellas relativas a la transformación digital.

Como decía en las páginas previas, ser nativo o inmigrante digital no depende de una fecha de nacimiento, te lo da una actitud. Es el hecho de tener una visión digital. Es saber cómo quieres utilizar la oportunidad del digital en tu compañía. Es tener algo que no abunda en los comités de dirección, en los consejos de administración y tampoco en la propiedad de los negocios: arrojo. Tener muy claro hacia dónde quieres llevar tu empresa. Es decir, tener una visión muy clara.

La visión digital debe estar alineada con la visión comercial, que es imprescindible que coincida con la visión empresarial.

La visión empresarial se operativiza por medio de la estrategia. Estarás de acuerdo conmigo en que la palabra «estrategia» se ha banalizado de una manera formidable en los últimos tiempos. Todo el mundo es un estratega y existen estrategias para todo. Estrategias para aumentar los retuits. Estrategias para ganar un partido de curling. Estrategias para no ir a comprar el pan y que vaya tu chico. Por eso me gustaría incidir en el auténtico significado de la palabra «estrategia» en este contexto: comprometer los resultados a largo plazo de tu empresa. Tienes que apostar TODOS tus recursos en una dirección. Eso en definitiva es tener visión.

Fácil de decir.

Dificilísimo de hacer.

Porque ese 90 % de *digital-immigrants-decision-makers* somos nosotros. Personas como tú y como yo. Que muchas veces no entendemos lo que está pasando, que consideramos que internet escapa a cualquier control, que nos falta información, que todo va demasiado rápido. A todos nos gusta pensar que podemos cambiar y adaptarnos. Y la realidad es que a todos nos cuesta muchísimo cambiar.

Porque cambiar cuesta. Aprender inglés, comer mejor. También ir al gimnasio. Parece que estemos programados para evitar el cambio. El especialista en neurociencia David DiSalvo,[2] autor del libro *Brain Changer*, cita hasta 8 razones que se confabulan para impedir que hagamos lo que sabemos que tenemos que hacer:

1. Nos motivan las emociones negativas. Aunque el miedo, la culpa y el remordimiento motivan muchísimo a cambiar inmediatamente, el auténtico cambio, el que dura, solo se produce a partir de emociones positivas: las ganas de querer mejorar.

2. Nos dejamos atrapar por las ideas preconcebidas. Por ejemplo, el «todo o nada». Esto explica que cuando iniciamos un cambio de comportamiento («Voy a ir a nadar todos los martes»), si no somos capaces de mantenerlo en el tiempo, lo abandonamos («Como no he podido ir a nadar los últimos martes, dejo de ir a nadar»).

3. Tratamos de comernos la vaca entera. Es casi imposible cambiar de comportamiento de una sola vez. Necesitamos comenzar con acciones pequeñas y específicas para poder obtener unos resultados medibles que nos motiven a continuar.

4. Nos olvidamos de que necesitamos herramientas. Si queremos cambiar algo en nuestro coche, necesitamos las herramientas adecuadas. Si queremos cambiar algo en nosotros, también. Por ejemplo, para ponernos a dieta necesitamos informarnos sobre maneras de comer más saludable y pensar en un plan nutricional.

5. Intentamos abarcar demasiado. Es sostenible cambiar UN comportamiento en el largo plazo. Intentar cambiar demasiados al mismo tiempo es abocarnos a un fracaso seguro.

6. Minusvaloramos el proceso. Solo se puede cambiar de una manera sostenible si seguimos un proceso, una serie de pasos. Existen varios modelos para el cambio de comportamiento, como el TTM Model en el que se han basado libros como *Changing for Good*[3] o *Changeology*.[4]

7. No somos conscientes de que vamos a fracasar. Fracasaremos al menos una vez durante el proceso de cambio. O más. El fracaso fija nuestro foco en lo que merece nuestra atención y en lo que no.

8. No nos comprometemos lo suficiente. La investigación muestra que el factor más importante en el cambio es el compromiso. Si no somos capaces de comprometernos en lo que tenemos que hacer y en cómo vamos a hacerlo, no conseguiremos nada.

Es decir, que esos mecanismos que te impiden comer más brócoli —cuando sabes que es buenísimo para tu salud— o aprender inglés —con lo mal que lo pasas en esas conference calls con Edimburgo en las que no te enteras de casi nada— son los mismos que te imposibilitan dar el paso y transformar la visión digital de tu empresa. Con el agravante de que, además, con el tema del digital nos enfrentamos a otros tres enemigos adicionales:

BARATO – CUÑADO – DOMINAR EL ESPACIO

Es como un mantra que escucho cada vez que me enfrento a un consejo de administración, mandos intermedios, dueños de compañía o comités de dirección. Digital. Barato-cuñado-dominar el espacio. Digital. Barato-cuñado-dominar el espacio.

—Pablo, el digital me interesa. Pero hemos oído que internet es barato. Yo quiero una campaña viral para mi producto, que sé que no cuesta casi nada y la ve todo el mundo.

Si hay una leyenda urbana que me cuesta entender es esa que cuenta que el digital es barato. Los virales no son baratos. Para realizar un proyecto digital «que vea todo el mundo» hay que tener talento. Mucho. Y el talento es caro. Con razón.

—Pablo, yo esto lo tengo resuelto porque mi cuñado desarrolla webs. Tendrías que conocerle, es un crack.

En primer lugar, un saludo cordial a todos los cuñados/sobrinos/amigos de un amigo que se dedican al noble arte de desarrollar webs. Sin menospreciar vuestra capacidad, quizá sería más conveniente contar con talento un poco más profesional para esta comprometida tarea. ¿O acaso dejas la dirección comercial de tu empresa en manos del primero que pasa por la puerta? ¿Quieres decir que permites que un becario se comunique con millones de clientes? Si lo haces, suerte, valor y al toro.

Y así, sin red, saltamos al concepto final: dominar el espacio (agradezco este *insight* a un participante de un programa que desarrollé en el IESE como director académico para una empresa francesa que fabrica yogures que empieza por D y acaba por E, pero que no puedo revelar por discreción, ya que fue él quien me lo dijo: «Sí, y además de estas dos ideas, barato y cuñado, mi jefe quiere que dominemos el espacio online, cuando eso es imposible porque no entendemos nada de ese mundo»). No solo pretendemos «hacer virales» y tener más *views* que El Rubius, Dulceida y DJ Mario juntos. No solo vamos a ejecutar toda nuestra estrategia digital con ese maravilloso cuñado que, otra cosa no, pero hace unas webs es-pec-ta-cu-la-res, sino que, además, armados con estas extraordinarias *tools* vamos a dominar el espacio digital. Vamos a ser los reyes del mambo en online, porque, ya que nos ponemos, lo mínimo que se puede esperar de nosotros es que seamos líderes. Bezos, Zuckerberg, los de Google y después, aunque muy cerca, nosotros, nuestra empresa, que, aunque le ha costado un poco esto de decidirse a digitalizarse, seguro que en un par de meses lo tenemos todo controlado.

Conclusión: tú lo que quieres es montar una tienda cutre, gestionada por ese crack que es tu cuñado, y pretendes que se convierta en una *flagship store* que deje a las tiendas Apple a la altura del betún. Pues… mucho me temo que va a ser que no.

Internet es caro.

No lo hagas con cualquiera. Trabaja con gente profesional.

No pienses que online es tu tabla de salvación.

Las barreras para la integración on-off

Disclaimer: Vas a ganar mucho más dinero y mucho más rápido con una idea contraria a la tesis central de *Winners*. Ganarás dinero más fácilmente y antes con el offline que con el online.

Es decir, ¿tienes los vendedores que quieres? ¿Los tienes organizados como mejor te parece? ¿Con la estructura de precios de producto que has elegido? ¿Con el posicionamiento que más te conviene? Si has respondido que sí a todas las preguntas, toma aire. Es el momento de saltar al online.

Como decía el mayordomo de Tenn: «Confíe en mi experiencia». Conozco multitud de empresas que, teniendo todo esto desordenado, se lanzan hacia la oportunidad de negocio que les ofrece el digital. Y les va mal, claro. Primero hay que ganar dinero en el offline y después invertirlo para crecer en el online. Siempre teniendo en cuenta que la inversión en digital no da sus frutos tan rápidamente como te crees o como pretendes. ¿O es que has construido tu fuerza de ventas de un día para otro? Y tu posicionamiento, ¿lo lograste de forma rápida? Por no hablar de la gama de producto, ¿la completaste en una semana? Lo más seguro es que lleves años y años con todos estos temas. Y nunca se acaban de cerrar del todo. Pues el digital, lo mismo.

Hay días en los que te levantas como con ganas de marcha. De que pasen cosas. Supongo que a ti te pasará algo parecido. Si uno de esos días coincide con que tengo conferencia sobre el tema de la integración online y offline, basta con que haga la siguiente pregunta (que parece en realidad inocente) para multiplicar por 10 el grado de intensidad de la discusión en el auditorio:

—¿Cómo veis la tienda del futuro?

—¡No va a tener vendedores!

—¡Claro que va a haber vendedores! ¡Lo que no va a haber es stock!

—¡A ver si es que van a desaparecer las tiendas!

Afortunadamente, he tenido la oportunidad de visitar un futuro posible de tienda, por medio de un ejemplo que se encuentra situado en la Regent Street de Londres. Más concretamente, en la Burberry's Flagship Store, uno de esos espacios de venta tan espectaculares que lo primero que piensas es «madre mía, la cantidad de dinero que deben de estar perdiendo aquí», porque en multitud de ocasiones parece que las *flagships* están diseñadas para presumir y no para hacer negocio. Pero una vez que cierras la boca, que has tenido abierta durante los dos primeros minutos de tu visita, te das cuenta de que esta tienda está diseñada con una visión: unir lo mejor del mundo offline con lo mejor del mundo online. Y ese es el futuro.

Tenemos que recordar que el proceso comercial, si lo simplificamos mucho, se estructura en cuatro pasos (el embudo comercial):

Las compañías tratan de ayudar al cliente a superar cada una de estas fases en su camino de avance por el embudo comercial. Burberry lo tiene claro.

Exploración. Cuando entras en su *flagship*, lo primero que ves son unas pantallas gigantes que están en la planta de arriba donde, por ejemplo, puedes ver el último pase de modelos de Burberry, que se está llevando a cabo en Singapur en ese mismo momento. La modelo lleva una gabardina ideal. Pero ideal de la muerte. Te están ayudando, sin que tú seas realmente consciente, en el primer paso del proceso: la exploración. Porque muy cerca de ti se encuentra un perchero con, sorpresa, sorpresa, ese modelo de gabardina en varias tallas y colores.

Consideración. Te acercas a un espejo. Como en cualquier tienda. Pero esa gabardina lleva una etiqueta RFID que emite una señal al espejo, dotado con una pequeña pantalla integrada, que inmediatamente te muestra más información sobre esa gabardina, que ya va teniendo toda la pinta que te vas a comprar: el diseñador que lo creó, el tipo de tejido empleado que procede de ovejas que han sido alimentadas una a una por un simpático pastor de las afueras de Aberdeen, el precio... Todo ello te ayuda en la consideración.

Evaluación. Estás ya en la recta final de la compra y ahora quieres probarte el producto. Entras en uno de los probadores de la firma, que para facilitarte la decisión, tienen incorporados unos espejos que te permiten ver cómo te queda la prenda sin necesidad de que te la hayas puesto. ¿Cómo lo hacen? Porque en realidad no son unos meros espejos que reflejan lo que ven, sino que incorporan una tecnología que con solo aproximar la ropa a tu cuerpo genera una imagen de cómo te quedaría esa prenda con tu talla ideal.

Compra. Al salir del probador se te acerca un vendedor y te pregunta:

—¿Le ha gustado la gabardina?

—Sí.

—¿Está interesado en comprarla?

Si la respuesta es afirmativa, el vendedor saca un TPV —uno de esos aparatos que se utilizan para pagar con la tarjeta de crédito o con el móvil vía *contactless*— y finaliza la transacción ahí mismo. Porque en Burberry han pensado que, si en online no hay colas para pagar, ¿por qué en offline sí?

—¿Prefiere usted llevarse la gabardina o se la enviamos a casa?

Porque si en online puedes elegir el modo de entrega, en offline también. Te ayudan, pues, en el proceso de compra.

La tienda que tendrá éxito en el futuro será la que se preocupe de integrar lo mejor del mundo offline con lo mejor del mundo online. Y esto tan sencillo de decir y tan complicado de conseguir es aplicable a casi cualquier negocio.

¿Cómo se enfrentan las tiendas a esta integración on-off? Según un estudio[5] efectuado en Inglaterra (el segundo mayor mercado mundial en penetración de e-commerce), una de cada tres tiendas tal vez cierre. Y no solo asistiremos a un descenso progresivo en el número de locales abiertos al público, sino que su redistribución también cambiará la fisonomía de las ciudades, ya que en el futuro existirán tres tipos de calles comerciales:

- *Calle A.* Grandes avenidas comerciales con tiendas orientadas a que el cliente viva la experiencia de la marca. Se busca generar relaciones para luego conseguir transacciones, porque sin una relación previa con la marca resulta cada vez más complicado generar una transacción. Y esto es exportable a casi cualquier categoría de negocio.
- *Calle B.* Calles con tiendas más pequeñas, enfocadas en la transacción, el servicio post-venta o la atención al cliente. Serán tiendas mucho más especializadas.
- *Calle C.* Calles con locales que lucirán carteles de tipo a) SE VENDE o bien b) SE TRASPASA. Calles donde no va a haber comercio.

Nos puede gustar más o menos, podemos estar de acuerdo o no, pero el avance de este modelo de zonas comerciales es imparable, como consecuencia del desarrollo del comercio electrónico, junto con la concentración y especialización del *retail*.

En muchas ocasiones, cuando explico estos temas en foros abiertos con empresas de industrias diversas, se me acercan profesionales que me cuentan que «estamos empezando a desarrollar nuestras capacidades digitales» y, en principio, no les va muy bien. Normal. Lo más frecuente es que te vaya mal cuando incorpores el digital dentro de tu compañía en tu manera de relacionarte con los clientes. Es muy difícil acertar. Hay que estar preparado a que te vaya mal. Y hay que pensar qué haremos cuando nos equivoquemos. No olvidemos que el resultado más frecuente de la innovación comercial es el fracaso.

[ILUSTRATIVO]

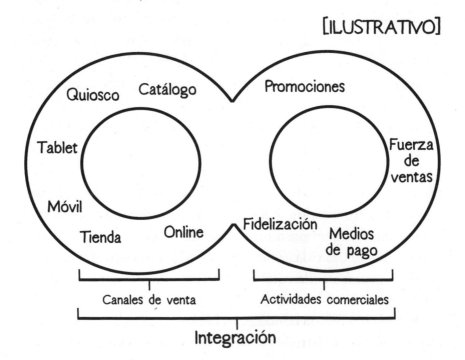

En el gráfico de la página anterior, a la izquierda están los canales de venta y a la derecha las actividades comerciales. La idea clave es que hoy en día todas las empresas, sin excepción, se enfrentan a un reto: la INTEGRACIÓN. Es decir, cómo unir su propuesta offline con su propuesta online, vengas de un mundo o del otro.

Por ejemplo, cuando tomamos una decisión en comercio electrónico, esta impacta en la tienda y en el catálogo, y también en las fuerzas de ventas, en el quiosco, en el móvil, los medios de pago o la fidelización.

No hay compartimentos estancos. Todo está relacionado. Las decisiones en el mundo de la empresa son como la madre en la vida: solo hay una. No podemos aislar lo que hacemos en el móvil, o en la tienda de la web, o en el catálogo.

Por cierto, antes de que pasemos a otros temas: el comercio electrónico no existe. Del mismo modo que no existe el quioscocomercio o el catálogocomercio o el tiendadetodalavidacomercio. Solo hay comercio. El comercio electrónico es una manera de hacer comercio, pero que trabaja en el mismo plano que las demás opciones.

Esto nos permite introducir el concepto de omnicanalidad, que voy a relatar a través una historia que delata mi edad… El joven Pablo Foncillas, como tú (si eres de mi edad), quería un Spectrum, que tenía más juegos, pero mi padre se empeñó en que era mejor el Commodore, porque con él podría aprender a programar. Lo que consiguió fue que ni jugara ni aprendiera a programar, pero eso es otra historia. Recuerdo cómo compramos este aparato. Se trató de un acontecimiento familiar importante, de los que te acuerdas toda la vida. Fuimos juntos a la zona de la ciudad donde estaban esas tiendas que vendían estos productos un sábado por la mañana.

En mi memoria, la tienda es en blanco y negro. Cuando entramos, vemos un mostrador grande con el vendedor detrás y los productos aún más atrás. Se ven, pero no se tocan. La tienda está como en penumbra, por la falta de luz y por una capa ambiental en forma de nube tóxica formada por las exhalaciones del Ducados que fumaba el simpático (más bien no) vendedor. Ya sabía que ese vendedor, que se posicionaba haciéndose fuerte tras el parapeto del mostrador, nos iba a vender lo que le diera la gana. Él decidía qué producto te ibas a llevar a casa. Tuve suerte y nos vendió lo que queríamos: el Commodore 64. Sin embargo, después de mí llegó un chaval con ganas de comprar otro ordenador, pero el dependiente le colocó una batidora.

Con los años, mi máquina se hizo vieja y puse en marcha mi primer Plan Renove Informático.

Fui a otra tienda. Había cambiado. Más luz. Más color. Menos mostrador. Ya podíamos, incluso, tocar un poco algunos productos antes de comprarlos (aunque la mayoría seguían detrás de un mostrador). El vendedor había mejorado (fumaba cigarrillos light) y la tienda estaba más limpia. Compré un PC, como todos. Con este nuevo ordenador, seguí adentrándome en los intrincados vericuetos de la realidad informática, hasta que me caducó. Plan Renove II.

¿Dónde está mi tienda, que no la reconozco? Esta tercera tienda es moderna. El espacio es mucho mayor y la oferta tiene extensión (muchas categorías) y profundidad (muchas referencias dentro de cada categoría). Los productos, por cierto, están colocados por marcas, por tipologías o por ocasión de uso/consumo. Es el momento de la interacción: toqueteas y toqueteas hasta que decides llamar a un vendedor; por cierto, no hay muchos (si ves uno, te quieres casar con él porque es la única manera de que no se te escape), pero son muy profesionales. Con mi nuevo ordenador descubrí las delicias de la informática portátil, que ya no he abandonado jamás. Cuando tocó Plan Renove III, di el siguiente paso y visité una tienda radicalmente distinta.

No soy en especial fan de la marca de la manzana creada por Steve Jobs, pero reconozco que vende de una manera diferente: en un templo en el que el producto es el centro, y los vendedores son demos andantes que te hacen ver, no las bondades del producto, sino que con ese producto vas a ser el mejor Pablo Foncillas que puedes llegar a ser.

Si nos ponemos académicos, la Tienda 1 (o los modelos comerciales 1) es cuando solo teníamos un canal, la Tienda 2 es multicanal, la Tienda 3 avanza hacia la crosscanalidad y la Tienda 4 pertenece a la era de la omnicanalidad. Podemos resumir así esta evolución de los canales:

UN CANAL → MULTICANAL → CROSSCANAL → OMNICANAL

- *Un canal* (la herencia)
Aquí tenemos un cliente y una tienda. Fácil. Hay tiendas que aún funcionan así. Las llamo las tiendas Tutankamon o tiendas sarcófago, porque el vendedor está enterrado dentro, pero él no lo sabe. Estas tiendas van a morir. Aquí, desde luego, huele a muerto (y tú no has sido). Estas son las tiendas —o modelos comerciales— que se pueden resumir con una palabra: HERENCIA.

- *Multicanal* (la realidad)
En este caso encontramos un cliente y distintos canales de relación con el mismo, que son silos. Donde nosotros vemos canales —y estamos emocionados porque ofrecemos al cliente múltiples oportunidades para comprar—, ellos solo ven barreras. ¿Por qué? Déjame ponerte un ejemplo. Si te compras un ordenador y vas con él a unos grandes almacenes para

solucionar algún problema, ¿qué es lo primero que te pregunta el vendedor? Exacto, que dónde está el ticket. Ese papelito minúsculo abre la sabiduría universal de este homínido vendedor, es la llave que da acceso a un reino de conocimiento infinito. El problema es que cada canal está gestionado de manera independiente por profesionales que no tienen una visión global del cliente. El dueño del canal catálogo no se habla con el que gestiona la web, que, a su vez, es independiente del que maneja la red de vendedores.

La etimología de la palabra «multicanal» viene del latín *multi*, que significa «muchos». Muchos canales para contactar con tus clientes es algo confuso porque hay muchas gamas de productos distintos, muchos precios, muchas garantías, muchos servicios distintos de post-venta; en definitiva, mucha confusión para el cliente. De hecho, incluso lo que ve y experimenta el cliente no está claro, no es homogéneo, porque la web no se parece al catálogo, y este no tiene nada que ver con la tienda, y esta experiencia es distinta al teléfono de atención al cliente. Esto se debe a que cada una de estas áreas de relación con el cliente está gestionada por un profesional distinto. El dueño del canal tienda es distinto del responsable del canal telefónico, que es diferente del director de venta online.

Para mí, esta es la REALIDAD de muchas estrategias de canales de venta.

* *Crosscanal* (la aspiración)
Es una evolución de la multicanalidad. La empresa sigue organizada en silos con responsables distintos de cada canal, pero el cliente no recibe esa impresión: le parece que está todo integrado. Por lo menos, el front-end (los puntos de contacto entre la empresa y el cliente) son similares. Sin embargo,

en el back-end no se comparte información del cliente (a pesar de ser el mismo cliente interactuando por canales diferentes) y los procesos entre canales son engorrosos. Esta es la ASPIRACIÓN, adonde les gustaría llegar a los monocanal y a los multicanales.

- *Omnicanal* (el Nirvana)

Una sola forma de llegar al cliente, con una propuesta integrada. Esto es el futuro y pocas empresas lo tienen bien resuelto. Este modelo te permite ir a cualquier canal, reseller, punto de venta de la marca, o a un *corner* en tus grandes almacenes de confianza. En todos ellos te van a atender igual sin pedirte ningún ticket ni nada. Esto es lo máximo, el NIRVANA de cómo tendríamos que tener organizados nuestros canales de venta.

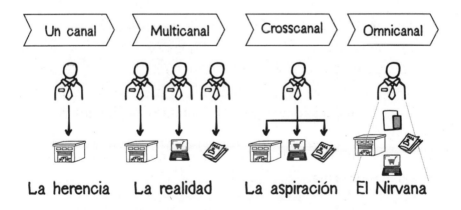

Tranquilo, no te asustes, los demás están como tú. En un Retail Safari que he organizado en diferentes ciudades del mundo (Barcelona, Madrid, Estambul, Dublín o Varsovia), he constatado que algunas empresas están en la multicanalidad, pocas en la crosscanalidad y casi ninguna en la omnicanalidad. Y quedan centenares de miles de empresas con modelos comerciales Tutankamon, por supuesto.

Dicho todo lo anterior, con independencia de que quieras vender solo en físico o solo en web, hay unos pasos intermedios que no te puedes/debes saltar. Después de dedicar los últimos 15 años a investigar en la disciplina de cómo conectar mejor con el cliente en el mundo comercial, me parece interesante etiquetar las diferentes maneras de relacionarte con ellos porque resultan muy útiles para la acción directiva. Es una ayuda valiosa a la hora de decidir cómo queremos llegar al mercado: de un modo únicamente molecular o físico, utilizando solo bits o siendo digital, o con otras opciones entre ambos estados.

(FÍSICO)

(ONLINE)

EXPERIENCIAS

MANERAS DE COMPRAR Y VENDER

Solo en físico.

ROPO (*Research Online Purchase Offline*) o *webrooming*: buscas online y compras en tienda.

Click & Collect/BOPS (*Buy Online Pick-up in Store*): compras (o reservas o compruebas inventario) online y lo recoges en tienda/punto de venta físico.

Store-to-direct o *showrooming*: búsqueda en tienda y compra online. El terror de los grandes almacenes. Media hora hablando con tu vendedor para no vender nada. El cliente pide una referencia, el nombre del producto, te dice «Me lo pensaré» y se lo acaba comprando online.

Solo web.

Puedes decidir vender solo en físico, solo en web, o incluir los pasos intermedios que desees, pero lo básico es entender que se trata de construir experiencias. Porque las experiencias no se pueden copiar. Son vivencias personales, por tanto, intransferibles, y, sobre todo, dejan más margen.

En la medida de lo posible, ten clara tu visión de cómo quieres relacionarte con el cliente y luego trata de adaptarlo a cada una de sus formas de comprar. No siempre podrás hacer lo mismo en cada una de las maneras de relacionarte con él.

Esto significa que debes diseñar cómo quieres que te vean y te vivan, lo que indefectiblemente implica que debes construir experiencias en cuanto a cómo deseas relacionarte con el cliente en cada una de las cinco opciones conectadas más arriba. Ten en cuenta que, por desgracia, las empresas no suelen detenerse en este punto. Piensan muy pocas veces cómo diseñar con detalle cada estadio de este proceso para darle al cliente la mejor experiencia y, sobre todo, la más consistente.

De hecho, vale la pena entender la diferencia entre un servicio y una experiencia:

Un servicio se construye en esencia a partir de tangibles (todo lo que pasa antes de que el cliente llegue al establecimiento) y procesos (todo lo que haces cuando el cliente está dentro de tu tienda).

TANGIBLES + PROCESOS = SERVICIO

Las experiencias se edifican a partir de la combinación de tangibles, procesos y externalidades. Las externalidades son todo aquello que has sido capaz de construir alrededor de una marca, que no son ni tangibles, ni procesos y que te ayudan a relacionarte bien con el cliente. De hecho, las externalidades, aprovechando una idea descrita en el libro *Homo Deus*[6] del profesor Yuval

Noah Harari, se construyen a su vez de sensaciones (calor, placer, tensión), emociones (amor, temor, ira...) y pensamientos.

TANGIBLES + PROCESOS + EXTERNALIDADES = EXPERIENCIA

Y las experiencias construyen margen. Cuando vendes un *commodity* como los granos de café, cobras unos céntimos. Si lo empaquetas y lo vendes como café envasado, puedes pedir algo más de un euro. Cuando te lo sirven, ya puedes cobrar un euro y medio. Pero cuando se convierte en una experiencia, como Starbucks, que en Estados Unidos es «el tercer lugar» (tienes tu casa, tienes tu despacho y tienes Starbucks), ese café ya vale 3,72 dólares, que es su ticket medio.

La diferencia esencial entre un servicio y una experiencia se puede explicar por medio de un ejemplo sencillo. Llega la Navidad y hay que hacer regalos a izquierda y derecha. Has de comprarle algo a tu mujer y por supuesto algo a tu suegra. ¿Les haces el mismo regalo a una y a otra? Dicho de otro modo, ¿te gastas lo mismo en tu esposa que en su madre? La respuesta que recibo cuando formulo esta pregunta en un auditorio es no (he escuchado «No» muy rotundos y «No» muy flojitos; supongo que depende de la personalidad del entrevistado y también de la de la suegra). El caso es que en tu mujer te gastas más y en tu suegra normalmente menos. Esto es así porque con tu mujer tienes una experiencia y con tu suegra tienes un servicio. Y donde hay experiencias hay margen, donde hay servicios no tanto.

Esta idea de diseñar las experiencias tiene un nombre: trabajar los *customer journey* de los diferentes segmentos de tus clientes. Un viaje de cliente o *customer journey* es cómo los clientes piensan de (y realmente interactúan con), una determinada empresa. Me parece importante compartir este concepto puesto que lo utilizaré en otros capítulos del libro, si bien no es el objeto del mismo. Sobre este tema existe abundante literatura. En la actualidad está cambiando la manera de trabajar de muchas compañías. Competir en la manera de desarrollar los *customer journeys* cobra importancia en una era de sobreoferta donde en muchas ocasiones cuesta diferenciarse por producto.

¿Qué hacen las empresas que lo hacen bien?

Son omnicanales en su manera de entender cómo deben conectar con sus clientes.

Omnicanal quiere decir vender usando una variedad de canales, buscando dar una experiencia de compra «continuada» al cliente.

La omnicanalidad es vender fusionando los mundos off y online con elegancia. Existe una palabra inglesa que define estupendamente cómo debería ser esta experiencia: *seamless*, «sin costuras». Lo cierto es que en castellano queda mucho menos *cool*, pero el significado es perfecto: como consumidores, debemos tener la capacidad de saltar de un canal a otro sin ningún problema. Compro en una web una licuadora que hace un jugo de hinojo y pepino riquísimo y voy a recogerla a una tienda. Compro mi nueva batidora en la tienda, la llevo a arreglar y me la envían por mensajero. Salto de canal en canal según me venga mejor.

Si estamos de acuerdo en que un principio básico del comercio es que el cliente siempre tiene la razón, y nuestros clientes, ahora, quieren comprar cuando quieran, donde quieran y como mejor les venga… ¿qué es lo que te preocupa respecto a la omnicanalidad?

Quizá tu preocupación tenga que ver con la solemnidad del prefijo *omnis-*. Como sabes, es una voz de origen latino que significa «todo». Omnipotente. Omnipresente. La verdad es que asusta. Tener que abarcarlo «todo» no parece trivial. ¿Tal vez te preocupa…?

- Controlar y gestionar la información
- Responder a los clientes por cada uno de estos canales
- Tener homogeneidad de precios
- Disponer de la misma gama de productos
- Molestar a los distribuidores
- La complejidad de gestionar tantos canales
- Analizar los datos
- Las capacidades internas de tu compañía...

Estas son algunas de las respuestas (barreras, en definitiva) que obtengo de los participantes y altos ejecutivos en las sesiones desarrolladas por mí en diferentes lugares del mundo. Quizá son las más habituales pero no las únicas. Sin duda, la omnicanalidad preocupa.

Justo en uno de estos encuentros descubrí la manera ideal de quitarle peso conceptual a la omnicanalidad. Participaba como ponente en una mesa redonda junto con, entre otros, Elena Cusí, directora de comercio electrónico de Desigual por aquel entonces (febrero de 2015). En un momento del coloquio, la moderadora se dirigió a ella:

—Elena, ¿qué es lo que te preocupa con respecto al omnicanal? ¿Cómo lo tratáis en Desigual?

Y Elena respondió con un concepto brillante:

—En Desigual nos preocupa muchísimo la omnicanalidad. De hecho, vendemos a través de un montón de canales: tiendas propias, multimarca, franquicias, *corners*, web... Nos cuesta mucho encontrar una solución satisfactoria para el cliente y para la empresa. Fíjate si nos es difícil, que internamente le hemos puesto un apodo a la omnicanalidad. Ya no lo llamamos «omnicanal». Ahora se llama «omnipollo».

Me enamoré. Omnipollo. Qué manera de representar todo lo que sienten las empresas ante el desafío que supone la omnicanalidad. Era genial y Elena había resumido la realidad a la perfección.

No es omnicanal. Es omnipollo. Un omnipollo astral. Un nuevo concepto de *management* racional que deberíamos utilizar todos en nuestras compañías. Porque montar la omnicanalidad es tremendamente complejo y lo normal es que, en el inicio, como todo lo nuevo, nos vaya mal.

Pero es algo más digerible cuando entendemos un concepto muy relevante en este asunto: dónde creas valor y dónde capturas ese valor. Utilizando un palabro inglés, el *decoupling*: separación o disociación. En la omnicanalidad, en ocasiones, creas valor en el on y lo capturas en el off. Y otras veces es justo al revés. Lo importante es que no se te escape un cliente entre crear valor en un sitio y capturarlo en otro.

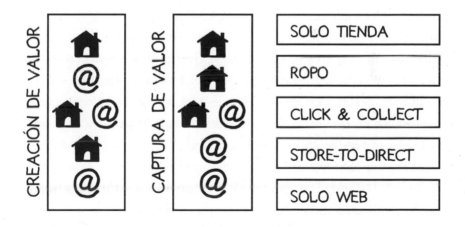

El valor se crea en un quiosco de pedidos, en un link, en un *corner* de unos grandes almacenes, en la última foto que ha subido a Instagram la *influencer* del momento, en la respuesta que un vendedor da a tu pregunta de si tienen más tallas, que la sudadera me viene un poco justa. En cualquier lugar donde se informa, se apoya y se refuerza una decisión de compra.

Sin embargo, el valor solo se captura donde se produce la transacción, ya sea on (web, app, quiosco, teléfono…) u off (cualquier punto de venta físico). Y esta solo se produce si el consumidor está convencido de que lo que compra tiene suficiente valor. La creación de valor es una pre-condición para la captura de valor.

Un estudio sobre la omnicanalidad[7] muestra que la mayoría de los consumidores prefieren relacionarse con el producto en las tiendas físicas, aunque esto sea independiente a que acaben comprando online o no. En sectores como moda, accesorios o electrónica de consumo, las tiendas físicas «intervienen» (esta es la palabra clave) de alguna manera en el proceso de compra en un 71% de las ventas online. Larga vida a la tienda, que sigue siendo el eje central de la mayoría de las categorías. Es decir, los homínidos somos promiscuos por naturaleza en lo que a canales se refiere (nos gusta ir al on y al off). El 90% del valor generado (en ventas, en dinero) sigue siendo offline. Esto es a pesar de que algunas categorías en algunos mercados están cambiando a gran velocidad, por ejemplo, los productos de moda, que en determinados países hoy en día representan más del 20% del total de ventas.

El fenómeno del *decoupling* que comentaba antes requiere la capacidad de las empresas para *trackear* la relación del consumidor con el producto más allá de donde se produce «la venta», para reaccionar y recolocar en cada canal los recursos necesarios.

Aquí es donde la tecnología y los sistemas pueden ser tremendamente útiles.

Siempre teniendo en cuenta que la tecnología es lo último en lo que se debe pensar. Lo primero es el cliente. Cuanto más cambia el mundo, más tenemos que volver a los orígenes: entender al cliente. La tecnología es una herramienta: la compras, la desarrollas, la alquilas… pero es un facilitador al servicio del cliente.

Olvidémonos de la tecnología y centrémonos en las necesidades humanas que estamos tratando de resolver. Regresemos al origen para recordar lo que es comercial. Comercial es un proceso. Comercial no es ir a fiestas y tomar copas con los clientes (eso es un trocito muy pequeño del proceso comercial; otra cosa es la relevancia de tomar copas con el cliente). El proceso comercial es responder a estas tres preguntas que se retroalimentan:

Nada nuevo bajo el sol. El modelo del profesor de la Harvard Business School Robert Dolan sigue igual de vigente que siempre para poder desarrollar bien el proceso comercial.

Partiendo del modelo del profesor Dolan, recogido en una nota técnica[8] maravillosa como base de los factores a tener en cuenta dentro del proceso comercial —que pasa por entender las 5 «c» (clientes, compañía, competidores, colaboradores y contexto) para a continuación proceder a la STP (segmentación, targeting y posicionamiento) de tu producto/servicio, tras lo cual deberás definir tu producto/servicio y el *route to market*—, junto con mi amigo y profesor del IESE B School Mario Capizzani (doctor por la Universidad de California Berkeley) desarrollamos una investigación que trataba de entender qué hacen las empresas que lo hacen bien para conectar con los clientes. Para ello realizamos cerca de 1.000 encuestas cuantitativas y 20 cualitativas a todo tipo de empresas en dos oleadas distintas durante dos años (en dos momentos puntuales). Al hacerlo nos dimos cuenta de varias cosas que iré desgranando en las próximas páginas (especialmente interesantes son un par de fenómenos que he compartido en todas mis sesiones desde que iniciamos la investigación: el hiperservicio y la servificación, que explicaré en el apartado siguiente).

Antes de ello es importante contextualizar que observamos que existen empresas que lo están haciendo muy bien y que tienen algo en común: aplican como un todo, como un proceso integral, los tres principios fundamentales para triunfar en la omnicanalidad vistos en la introducción: redefinición, rediseño y reinvención.

Como ya comentamos en el arranque del libro, se trata de un proceso circular en el que redefinimos la visión, los equipos y los roles de nuestra compañía para, tras ello, diseñar la integración de nuestros canales siguiendo una estrategia centrada en el cliente y, después, reinventamos las capacidades que tenemos a nivel interno. Una vez realizado este proceso, volvemos a la casilla de salida para redefinir equipos y roles de nuevo (la visión la «tocas» con menos frecuencia).

Pero me gustaría hacer un profundo zoom en este tema contigo y compartir lo que descubrimos con Mario en relación precisamente con el primer paso de los 3: re-definir la visión.

Observamos que hay dos tipos de empresas, las que desarrollan una visión reducida sobre la omnicanalidad y las que lo entienden bien y con una mirada mucho más amplia y profunda.

Existen empresas que se quedan en la primera parte del proceso y desarrollan una visión miope sobre la omnicanalidad, pequeña y viciada. Y creen firmemente que ya está, que menudo esfuerzo, que lo hemos conseguido, que ya somos los reyes de la omnicanalidad. Hemos RE-definido la visión, los equipos y los roles (nos ha costado sangre, sudor y lágrimas, reuniones inacabables en salas de juntas en las que no traían ni una mísera botella de agua mineral, cientos de Excel ininteligibles, miles de comidas de trabajo con mucho trabajo y poca comida, e incluso algún divorcio o amenaza de) y nos creemos que ya está todo resuelto. Que la omnicanalidad es una prueba absolutamente superada y que vamos a conectar con nuestros clientes de forma casi telepática.

Si te sientes reflejado en esta situación, no me gustaría molestarte, pero me veo en la obligación de decirte que eres un miope digital.

No ves toda la oportunidad que te ofrece el mundo omnicanal. En la mayoría de los casos esto se debe a que tu percepción del digital se limita a la desintermediación. Online = me quito jugadores intermedios de una forma u otra. Esto te conduce a un círculo vicioso, a una espiral de pérdida de valor que tiene unas consecuencias muy tristes: ganaremos menos. (Véase el gráfico de la p. 52.)

De acuerdo. Desintermediamos. Pero como realmente la desintermediación nunca se produce al ritmo que yo desearía, sigo teniendo unos canales (mi actual red de distribución y ventas) a los que este movimiento no les va a sentar nada bien. Como le sucedió a Joaquín, fabricante de una marca de bicicletas que se lanzó a la piscina de la omnicanalidad sin saber muy bien cómo se nadaba.

Cuando se sentó con uno de sus distribuidores, este le dijo:

—¿Perdona? ¿Tú ahora vendes directo? Muy bien, entonces… ¿voy a tener que competir contigo? Llevo 20 años distribuyendo tus productos, sufriendo para colocarlos, y ahora, además, tengo que pelear cada venta contigo. ¡No, hijo, no!

Los Joaquines de este mundo, es decir, la marca de bicicletas, generalmente, dan marcha atrás. No se puede permitir estar a malas con el distribuidor, de modo que, por ejemplo, le ofrece reducir el catálogo: se compromete a que marcadebicicletas.com contará con menos referencias de las que ofrece el distribuidor. Buenísima idea. Resultado: un ciclista visita al distribuidor y encuentra 150 tipos de bicicletas distintas. Y en la web de la marca, 37.

El siguiente paso hacia el vórtice de la espiral es intentar promocionar la venta de esas 37 referencias que tengo en mi e-commerce.

La Semana del Timbre, Los 15 Días de Oro de la Vuelta a España,
El 2 × 1, El Descuento Loco… Cualquier promo nos parece buena.
Pero aun así no logramos vender. Y eso que nos hemos dejado un
dineral en campañas publicitarias para estas promociones.

Es hora de bajar otro escalón más. De tocar el precio. Vamos
a reducirlo para poder competir. Conseguido: la tormenta perfec-
ta de la reducción de valor. Las ventas cada vez son más pequeñas y/o con menos margen.

Una de las grandes falacias del mundo online es pensar que
internet es desintermediación.

Internet es re-intermediar. No desintermediar.

Google re-intermedia. Si tú eres un *retailer*, utilizas Google como re-intermediador adicional al distribuidor que ya tienes en la actualidad. O tal vez tengas en Amazon una parte de tu negocio. O, si te dedicas al mundo del periodismo, Facebook puede ser tu re-intermediador de noticias.

Y hablando de noticias, no todas son malas, ni hay solo panoramas sombríos. Existen compañías que miran la omnicanalidad con una visión amplia e integradora de la empresa. La ven con una perspectiva de dirección general. Buscan la manera de utilizarla para conectar bien con sus clientes. Esta visión amplia se convierte en el círculo virtuoso de la omnicanalidad, que se aplica tanto para industrias dedicadas al *Business To Business* (B2B), como para aquellas orientadas al *Business To Consumer* (B2C).

OMNICANALIDAD CON VISIÓN GRANDE = CÍRCULO VIRTUOSO

Para estas empresas, el objetivo último no es vender más. Es vincular al cliente. Las ventas son una consecuencia de esa vinculación, no un objetivo en sí mismo. Este modelo es fruto de haber entrevistado a empresas tanto de B2B como de B2C. Algunas de ellas eran muy on y otras eran muy off, pero todas ellas compartían una serie de características útiles para la acción directiva que resumiré un poco más abajo.

La banca es un ejemplo histórico de cómo se trabaja esta vinculación. Con 13 años, la Cuenta Joven, la Cuenta Bieber, la Cuenta Youtuber. Tu primera cuenta, Chispas. Qué bien, ya eres mayor, tienes una cuenta en el banco. Con 16, la tarjeta de débito para que te vayas acostumbrando a manejar el dinero que tienes en la cuenta con una tarjeta. Con 18, 20 o 22, con tu primer trabajo, la tarjeta de crédito. Lo siguiente, ya con tu contrato temporal firmado, es el préstamo personal. El coche. Para entonces, ya estás metido en la rueda bancaria y accedes a tu siguiente estadio evolutivo: la hipoteca. ¡Enhorabuena! Estás casado con tu banco.

Vinculación.

Cuando tenemos claro que el objetivo es la vinculación, comenzamos a trabajar la visión, los equipos y los roles, siguiendo pautas que nos habiliten para ejecutar esa visión amplia de la omnicanalidad.

VISIÓN/EQUIPO/ROLES

La visión varía de empresa a empresa, pero en todas ellas tienen claro que esto va de sumar canales y no de quitarlos. Ven meridiano que se han de obligar a los canales de los clientes y educarse en lo que quieren los clientes, y por tanto no se trata de obligar a los clientes a los canales de la empresa y tampoco de re-educar a los clientes para que hagan lo que quiere la empresa. La visión es que la compañía se debe esforzar en atender al cliente, teniéndolo en el centro de sus decisiones (se dice mucho, pero se hace poco).

En lo que concierne a los equipos y al rol que debían jugar los mismos, lo que intuimos que era un elemento común denominador en las entrevistas cualitativas realizadas era que estos ejecutivos estaban obsesionados con contratar personal hipercualificado, es decir, profesionales muy preparados en una determinada materia. Y de entre estos querían traer a sus equipos a aquellas personas que eran muy muy buenas en lo suyo. En otras palabras, invertían en talento y sabían que era caro. De hecho, creían que para transformar la empresa era más fácil hacerlo con profesionales de fuera que con el personal actual de la casa.

Para paliar esta elevada especialización creaban equipos multidisciplinares (personas de diferentes áreas de la empresa con pasados, habilidades y capacidades muy distintas) para tratar de resolver los problemas de cómo conectar mejor con los clientes.

Igualmente veían que el rol del directivo cambiaba. Los datos decidían muchas veces y por tanto para ellos no era tan relevante el directivo y su experiencia previa. No había por tanto ideas preconcebidas y la jerarquía perdía importancia. Ahora el directivo formulaba las preguntas que inspiraban al equipo a avanzar y los datos en muchas ocasiones respondían a esa duda. Era un directivo que utilizaba el método socrático y no dogmático para llevar al equipo a nuevos niveles de excelencia.

Los equipos que trabajan el enfoque omnicanal (hasta sus niveles más bajos) tienen metido en su ADN que el cambio es la norma.

Una vez definida la visión, los equipos y los roles, estamos listos para construir experiencias para el cliente en un mundo omnicanal.

EXPERIENCIAS

¿Por qué experiencias? Porque es el futuro en un mercado de so-bre-oferta e infra-demanda. A los productos les cuesta cada vez más diferenciarse por elementos funcionales. Así las cosas, construir experiencias alrededor de los productos y servicios pasa a ser capital.

¿Qué cuestiones hay que tener en mente para construirlas? Aquí van algunos conceptos de aquellos que lo hacen bien a la hora de conectar con los clientes.

El primer paradigma que nos trasladaron varios ejecutivos gira en torno a la idea de disponer de tu propia plataforma tecnológica. Creen que es mejor (si los recursos de tu empresa lo permiten) que seas dueño de la plataforma que gestiona la relación omnicanal con el cliente. ¿Por qué? Porque impacta demasiado en la experiencia del cliente y es demasiado relevante como para externalizarla. Es decir, para estas empresas (una vez tienen clara la visión, los equipos y los roles) es fundamental ser dueño de la tecnología que vas a utilizar (y del conocimiento que ha sido necesario para desarrollarla). Con ello ganan flexibilidad (fundamental en un mercado muy cambiante) y además reducen el tiempo de experimentación.

Opinan también que en lo que a experiencias se refiere te compararán con los mejores en cada parte de la relación con el cliente, sea por el canal que sea (porque todo está a un clic de dispositivo móvil, a un metro de tu casa o a un centímetro del mejor vendedor). Y es que el cliente no crea barreras entre el on y el off: ambas se afectan y están relacionadas. Es decir, en la experiencia online te compararán con Amazon (suponiendo que sea una buena práctica) y en la física con El Corte Inglés (suponiendo que también sea una buena práctica). Y si en el on o en el off eres muy muy bueno, realmente espectacular, cuando saltan al otro canal esperarán lo mismo de ti.

En la experiencia también ven que deben estar tanto en el mundo físico como en online, pues creen complicado sobrevivir si estás solo en uno de los dos mundos (lo sé, es obvio, pero no quería dejar de compartirlo).

Y cuando te internacionalizas recomiendan que trates de construir experiencias hiperlocales. Que entiendas muy bien que cuando cambias de geografía, aunque llegues a una región o país con un producto o servicio exitoso de otra latitud, trates de darle el máximo enfoque posible asociado a donde operes.

Un factor crítico para la creación de estas experiencias es el desarrollo de modelos de servicio muy sofisticados. Para ello, en la investigación que realicé junto con el profesor Capizzani, surgen dos conceptos muy interesantes, que serán *trending topic* en las conversaciones sobre desarrollo de negocio en los próximos años: el hiperservicio y la servificación (los encontrarás en el siguiente apartado de este mismo capítulo, que por su extensión y relevancia he querido desarrollar con un mayor grado de detalle que las otras ideas asociadas a servicio).

SERVICIO

Así las cosas, los ejecutivos que entrevistamos acabaron hablando del servicio de manera natural. Ellos ven el servicio como un elemento diferenciador de su propuesta de valor. Creen en el SIK o, lo que es lo mismo, «Service is King». Genís Roca, un conocido consultor en el mundo digital, lo lleva un paso más allá al decir que «todo producto sometido a presión digital muta a servicio».

Para varios de los entrevistados, el modelo de servicio es el siguiente: 1.º servir bien, 2.º vender (vender es una consecuencia de servir bien). Nos comentaron que es imprescindible tener un foco, una obsesión en el *back end*, en el servicio de post-venta, y que el reto de pasar de ser multicanal a omnicanal responde a comprender que esto no consiste solo en darle más puntos de contacto al cliente o bien ofrecerle más tecnología, sino en ofrecer una gama de servicios para atender esos puntos de contacto.

Una curiosidad es que los líderes de estas empresas que entrevistamos en profundidad nos dijeron que ellos entienden que el futuro de sus empresas para conectar con sus clientes pasa por extender y mejorar los servicios que tenían, mientras que los profesionales a los que les preguntamos vía cuestionarios (los que utilizamos para detectar *gaps* entre los mejores y los normales) nos dijeron que para ellos el futuro de sus empresas pasaba más por la tecnología y la mejora de la gama de productos.

Un buen ejemplo de cómo aplicar la mayoría de estos conceptos (visión/equipo/roles, experiencias y servicios) se encuentra en la industria del *retail*, especialmente de moda (los líderes que entrevistamos nos dijeron que para ellos era una de las categorías en la que más se fijaban para aprender a unir el on con el off de una forma atractiva para los clientes).

Si observamos el comportamiento de esta categoría podremos aprender mucho, ya que llevan más tiempo trabajando en ello que otros sectores. Esta categoría se ha dado cuenta[9] de que:

- Las tiendas físicas siguen siendo, claramente, el lugar preferido por los consumidores para efectuar sus compras. Son el lugar donde se produce una mayor generación de valor.
- Las tiendas continúan siendo muy atractivas para los consumidores, que valoran la experiencia sensitiva de tocar y sentir los productos, y la relación con los vendedores que les dan más motivos para emocionarse con sus nuevas decisiones de compra (sus tiendas en general apetecen, molan).
- Incluso en las compras online, la tienda física juega un papel fundamental. Dos tercios de los compradores online

visitan una tienda antes o después de la transacción. En estos casos, la tienda realiza una contribución muy significativa a la conversión de esa venta, aunque se finalice online. Por tanto, la creación de valor no coincide con la captura del valor. Esto es particularmente importante para las empresas que, como los *retailers*, estén considerando cómo colocar sus recursos en los diferentes canales.

El auténtico debate, pues, no debería centrarse en «¿digital o físico?». Las compañías líderes entienden cómo cada *touch point* añade valor (según las preferencias del cliente) y desarrollan estrategias omnicanal que maximizan la satisfacción del cliente.

La omnicanalidad va, por consiguiente, de unir lo mejor del mundo ON con lo mejor del mundo OFF para atender al cliente. La tecnología está al servicio del cliente mediante la construcción de experiencias útiles para el cliente. Las compañías continuarán integrando sus recursos físicos y digitales, incorporando nuevos instrumentos y plataformas que respondan a las necesidades reales de sus clientes. Un ejemplo claro es el grupo Inditex, que continuamente está rediseñando sus tiendas, hasta el punto que en agosto de 2018 anunció que iban a volver a cambiar todo el diseño de unas 2.000 tiendas en 48 países para mejorar la eficiencia en los pedidos online y entrega desde tienda (disponen de más de 7.000). 2.000 tiendas de una tacada para mejorar tu omni. No está mal. Por cierto, este grupo ha comunicado que quiere vender en todo el mundo a través de internet para el año 2020 (desde Zafra hasta un pueblo de Vietnam).

Por supuesto, esto lo hacen con el fin de tener contentos a sus clientes. Que, no sé si lo has notado, pero lo quieren todo, en cualquier momento, en cualquier lugar y de todas las maneras posibles.

Un matiz final. Podemos pensar que a menudo el omni se aplica sobre todo al *retail*, pero nada más lejos de la realidad: es una estrategia que puede aplicarse a muchos otros sectores. Abundante investigación sugiere que existen bondades de aplicar la omnicanalidad al B2B. Es lógico: en casos de compras que conllevan un fuerte desembolso necesitamos muchos más datos y confianza antes de realizar la operación. Si no hay consistencia entre lo que vemos que nos ofrece una empresa en una feria, en su web, por teléfono y con el comercial que nos envían, seguramente perderemos la confianza en esa empresa (en el capítulo 4 abordo este tema en detalle).

Hiperservicio y servificación

Este consumidor que lo quiere todo y lo quiere ahora, está muy mal acostumbrado. No solo te va a pedir que le ofrezcas tus mejores productos y/o servicios a un precio imbatible y que se los envíes o se los cambies a la velocidad del rayo, sino que te va a exigir que vayas un poco más allá, haciéndole la vida más fácil y divirtiéndole en el intento.

Hemos entrado en la era del hiperservicio y la servificación, ambas ideas fruto de la investigación relacionada con el encuentro de industria sobre comercio electrónico que fundé y del que fui codirector académico con mi colega Mario, en el IESE.

El hiperservicio es un concepto que consiste en aumentar cosas que ya se estaban haciendo, servicios que ya estaban dando. Es darle la vuelta y buscar otras maneras de hacer lo mismo, que sean más relevantes para tus clientes.

La mala noticia es que, normalmente, no vas a cobrar por ello. Porque tus clientes lo quieren todo, lo quieren ahora y, se me había olvidado comentártelo, si es gratis, mejor, por supuesto.

Te voy a poner un ejemplo de hiperservicio bastante universal. Imagina una mañana cualquiera. Estás en la comodidad de tu hogar, en tu cama con tu almohada favorita, esa que tiene un pliegue que se adapta ergonómicamente a la forma de tu oreja.

Suena el despertador. Te levantas y piensas: «Hummm… cómo me apetece un *double macchiato with a shot of vanilla*». Vas por el pasillo y tu mente proyecta por las paredes imágenes de ese humeante café con leche sofisticado. Sales de casa y entras en el metro. Estás contento porque sabes que, si te bajas dos paradas antes de llegar al trabajo, tienes una cafetería a unos 5 minutos andando, donde te espera ese mítico *double macchiato with a shot of vanilla*. «Te espera» es un decir, porque sabes que tendrás que esperar en una cola para pedir el café y en otra para que te lo preparen. Ah, por no hablar de la última cola, que es para pagarlo. Y estás un poco harto, la verdad. Tres colas para un café con leche.

Starbucks ha pensado en todo esto. Ha pensado en ti, su cliente. En cómo conectar contigo de una manera distinta, a través del hiperservicio. Por eso desarrollan una aplicación con la que pides desde el metro ese maravilloso *double macchiato with a shot of vanilla* y, cuando llegas a la cafetería, ya está preparado. Ni haces cola al pedir, ni haces cola para que te lo preparen. Ni siquiera tienes que pagar porque ya lo has hecho en la app.

Más del 25 % de los cafés que sirve Starbucks en Estados Unidos ya se pagan a través de la aplicación, y el 11 % del total se piden a través de esa misma app.

Otro ejemplo de hiperservicio: Liseberg, el parque de atracciones de Goteborg (Suecia). Liseberg, como todos los parques, tiene atracciones estrella. Una de ellas es Helix. El Helix es una montaña rusa que imita lo que ocurre dentro de una turbina (cada uno pasa el tiempo libre como quiere). Ha costado 25 millones de euros y, como hay personas que piensan que dar vueltas como si fueras un par de calcetines en una lavadora es una experiencia increíble, es un éxito arrollador.

Como todas las atracciones que funcionan, genera colas. Colas que generan desesperación, aburrimiento, enfados. Enfados que se multiplican si acudes con tu familia. Familias que salen disgustadas de un parque de atracciones, es decir, que lo han pasado mal. Y a un parque temático, ¿vas a pasártelo bien o mal? Ya conocemos la respuesta. Sin embargo, a pesar de lo que indica este estudio etnográfico en profundidad, los directivos del parque temático no se enfadan cuando hay colas (aquí escribo con conocimiento de causa: fui director general comercial de un parque temático situado al sur de Cataluña, cuya marca me permitirás que no revele por confidencialidad). Para ellos, Colas = Mucha gente = Voy a cobrar mi variable. Pero también somos conscientes de que si el consumidor se molesta mucho, no volverá. Y adiós variable, adiós parque y adiós trabajo, mío y de miles de familias.

Pues bien, en Liseberg han diseñado una aplicación móvil consistente en un juego que imita lo que sucede dentro de la atracción para intentar motivar a sus clientes. Situémonos por un momento en la cola para subir a Helix: 190 personas por delante, entre 50 y 60 minutos de espera media. Mientras esperamos comenzamos a jugar. Nos lanzamos virtualmente por la montaña rusa, damos vueltas de campana... hasta que, a los 15 minutos, el juego del teléfono se para. Se detiene porque tenemos un ganador de entre todas las personas que están esperando su turno y han decidido jugar a la app de Helix. El personal de Liseberg detecta a la persona que ha conseguido más puntos en el juego (por geolocalización saben que está haciendo cola y el punto exacto en el que se encuentra) y la invita a saltarse la cola y a subirse en el siguiente convoy rumbo al interior del Helix.

Esto es hiperservicio. Porque, además, ni Starbucks ni Liseberg nos cobran más por su aplicación. De hecho, podemos seguir entrenando en casa para intentar ganar la próxima vez que visitemos el parque. Continuamos relacionándonos con la marca de Starbucks viendo qué otras bebidas o productos tienen en el menú, sin necesidad de estar en la cafetería.

Existen multitud de ejemplos de hiperservicio. Y muchos más que habrá. En la compañía de seguros Safety Insurance, das parte sacando una foto del golpe y subiéndola con la app. ¡Adiós, peritos, encantado de haberos conocido y de tener mi coche en el taller una semana hasta que veníais a verlo! Si lo pensamos, era absurdo que viniera un ser vivo a comprobar que el coche tenía un bollo en la puerta delantera, que era debidamente notificado a su propietario. ¡Pero si ya lo sé, hombre, lo he hecho yo!

Esto, dicho de otra manera, es «ikeizar» a tus clientes (de Ikea): conseguir que trabajen para ti, incorporándolos así a tu modelo productivo. Un *win-win* total.

La servificación consiste en ir más allá de lo que es estrictamente nuestro producto. Vender y ofrecer cosas que no estabas haciendo. En ocasiones, se trata de transformar la venta de mis productos en servicios. Y cobrar por ello.

Muchos españoles tienen a Mercedes posicionada en su cerebro como la marca de coches más aspiracional posible. Cuando has llegado a algo en la vida, te imaginas conduciendo un Mercedes por una carretera de la costa mientras te diriges a ese chalet desde el que descubres cada mañana un amanecer distinto. Pero, para la mayoría de los soñadores, los sueños, sueños son. Y a la hora de plantearse la compra de un vehículo de la estrella, racionalizas y piensas no solo en el dinero que cuesta el coche, sino en el mantenimiento, el seguro y que vas a tener que ir encargando unas novenas en la iglesia de tu pueblo para que no se estropee la junta de la culata y tengas que pasar por el taller. Pues bien, Mercedes intenta calmar estos miedos mediante la servificación.

Mercedes Me es una aplicación que, además de prestar servicios funcionales como recibir los datos de los sensores de tu Mercedes en tiempo real (como, por ejemplo, cuánta gasolina me queda; muy útil cuando tu hija te pide el coche y te lo devuelve «con la misma gasolina que tenía cuando me lo llevé», ejem, ejem…), incorpora Mercedes Finance: una financiera que no solo te facilita la adquisición del coche, sino que también te ofrece condiciones especiales para realizar un leasing, las reparaciones o para el seguro. Todo para que disfrutar de tu sueño automovilístico se te haga un poco menos cuesta arriba.

Si subimos un escalón (o varios), nos encontramos a Bugatti. Estamos hablando de coches que valen más de 1 millón de euros. Bugatti piensa —y piensa bien— que sus clientes están buscando una experiencia de conducción única e irrepetible, un automóvil con un alto grado de personalización que cumpla todos sus deseos. Y saben que a un cliente así es difícil sorprenderle con 20 caballos más de motor o un nuevo color de pintura metalizada. Por eso desarrollan la servificación mediante el servicio Flying Doctor que, utilizando telemetría al más puro estilo de la Fórmula 1, retransmite posición y datos del vehículo para detectar averías de manera preventiva (batería baja, poca presión en los neumáticos…). Es decir, que, si tienes que inflar las ruedas, un señor de Bugatti te llama por Skype incluso antes de que te des cuenta del problema y te indica el lugar más cercano en el que puedes solucionarlo, no sea cosa que cuando cojas 400 km/h (seguro que de camino a la oficina) vayas a tener un susto con la rueda delantera derecha.

Lo maravilloso de la servificación es que no solo funciona en gamas altas. Con el servicio OnStar de Opel, estás conectado, tienes internet a bordo y accedes a asistencia en carretera y a un control remoto de funciones básicas como diagnosis y apertura y cierre de puertas. Opel lo regala el primer año. Pero después tiene un coste de 99,5 €/año. Si Opel vende en torno a 1 millón de vehículos y pongamos que un 25 % renueva el servicio, los ingresos de los nuevos clientes serían de casi 25 millones de euros anuales. Y al cabo de 10 años, contando que el 75 % de los clientes de OnStar siguen renovando, año tras año, los ingresos (sin descontar coste alguno) por el servicio serían ya de unos 94 millones de euros al año. No está mal.

La servificación no se utiliza únicamente para artículos de alto valor como los coches. En Home Depot, el gigante norteamericano de venta de artículos para el hogar, bricolaje y construcción, en lugar de intentar venderte esa sierra de 400 € que se utiliza para cortar aluminio y que solo la vas a usar una vez en la vida para recortar una placa y sustituir la antigua pieza oxidada de tu cocina, te la alquilan por 40 € al día.

Cuidado. La estrategia de la servificación no es sencilla, ni es para todo el mundo. A veces, significa cambiar la fisonomía comercial de tu compañía. Debe hacerse con un análisis pormenorizado de la realidad comercial y competitiva de tu empresa.

En la industria aeronáutica, la servificación es el pan nuestro de cada día desde hace muchos años. Rolls-Royce o General Electric no venden motores para aviones Airbus, por ejemplo. Los alquilan por un número de horas de vuelo. En el precio del alquiler pueden incluir (o no) piezas o mano de obra. Pero se cobra por horas de vuelo.

Entonces… si yo vendo colchones, ¿debo vender colchones u horas de sueño? Si trabajo en un supermercado, ¿debo hacer envíos cuando realizan la compra semanal o quincenal o debo potenciar un envío rutinario semanal al domicilio del cliente, de aquellos productos que siempre gasta (agua, papel de cocina, mantequilla, leche…)?

2

Integrar para ganar

Los mitos de la omnicanalidad

Todos estamos llenos de creencias. La omnicanalidad es uno de los temas en los que creemos saberlo todo. Viajan por la avenida de la Integración multitud de ideas que consiguen que frenemos nuestras ambiciones integradoras. O que, si las emprendemos, lo hagamos en la dirección equivocada.

Bienvenido al test GRADO DE AVANCE OMNICANAL.

Antes de sumergirte a fondo en el océano de la omnicanalidad, te invito a comprobar qué opiniones formadas tienes con respecto a este tema. Y qué valores son reales o si, como en un show de David Copperfield, «todo es fruto de tu imaginación». Normalmente realizo esta prueba en mis sesiones por diversos lugares del mundo. El ejercicio es sencillo: respecto a las aseveraciones que encontráis a continuación, pido a los participantes que voten si creen que son verdaderas o falsas.

Tras plantear esta cuestión en centenares de ocasiones, he obtenido la respuesta de miles de personas, que votaron así:

1. INTRODUCIR BOPS (BUY ONLINE, PICK-UP IN STORE) SUBE SIEMPRE LAS VENTAS ONLINE.

VERDADERO: 80 %   FALSO: 20 %

2. LAS OPERACIONES ONLINE PURAS SON MÁS EFICIEN-TES Y CONSTRUIR MARCA ONLINE ES MÁS BARATO.

VERDADERO: 50 %   FALSO: 50 %

3. EL ONLINE MATARÁ LA TIENDA FÍSICA.

VERDADERO: 60 %   FALSO: 40 %

4. LOS CLIENTES DE ONLINE QUIEREN SUS COMPRAS YA.

VERDADERO: 95 %   FALSO: 5 %

Bajo las circunstancias en las que se llevaron a cabo las investigaciones, y sobre las que me extenderé en las siguientes páginas, la respuesta a todas estas consideraciones es FALSO. Siento comunicarte que los asistentes a mis clases lamentablemente también fallaron, en general, todas. Y me apostaría una cena en El Celler de Can Roca a que tú tampoco has acertado muchas. Porque todos tenemos unas ideas pre-aprendidas que merece la pena cuestionar. Existe una miopía en nuestra visión digital que exige deshacer algunos mitos para poder luchar con mayor efectividad en el mercado.

Comencemos por el primero.

Mito 1: Introducir BOPS sube siempre las ventas online

Crate & Barrel es una tienda de muebles americana en la que puedes encontrar desde sofás de cuero de 6.000 € hasta un florero de cristal de 10 €. Una marca consolidada y muy tradicional. Aquellos que entran en crateandbarrel.com se sienten obnubilados ante la profundidad del catálogo. Un catálogo en el que, realmente, hay de todo y para todo tipo de público.

En Crate & Barrel, como en tantos otros comercios, tú podías comprar en la tienda o a través de su estupenda web con entrega a domicilio. Pero decidieron, en aras de la omnicanalidad, abrir una tercera opción: comprar online y recoger en alguna tienda. *Buy Online, Pick-up in Store* (BOPS). No eliminaron ninguna de las dos opciones anteriores. Sencillamente abrieron una nueva opción. Un par de académicos, Antonio Moreno, de Kellogg, y Santiago Gallino, de Wharton, estudiaron las consecuencias de introducir este cambio.[10, 11]

En teoría, BOPS es bueno para el cliente de Crate & Barrel al eliminar varias posibles fricciones que aparecen con frecuencia durante el proceso de compra. En primer lugar, puedes obtener información precisa sobre los precios de los muebles y la disponibilidad de los mismos en la tienda más cercana (no en todas las Crate & Barrel están todos los productos disponibles). Y, en segundo lugar, puedes acceder inmediatamente a lo que quieras comprar: basta con que te acerques a buscarlo a la tienda (es decir, que te lo puedes llevar «puesto»). No hay que esperar dos días o una semana hasta que te lo envíen. O sea que BOPS combina lo mejor del off y lo mejor del on: consigues toda la información que necesitas antes de comprar (no pierdes tiempo dando vueltas por la tienda buscando algo que, a lo mejor, no tienen en stock) y obtienes el producto de forma inmediata (sin esperar a un mensajero).

Con estas premisas, parecía claro que la introducción del BOPS iba a hacer despegar las ventas online de Crate & Barrel. Pero contra todo pronóstico, no solo no fue así, sino que decrecieron. ¿Por qué? Porque no siempre, ni en todas las categorías, introducir el BOPS tiene como consecuencia directa un aumento de las ventas por canales digitales.

Existen algunas razones por las que esto es así. Una de las más importantes tiene que ver con el tipo de artículos que se venden en Crate & Barrel. Sus atributos no viajan bien en digital. Se trata de lo que se llama «atributos no digitales»: cosas que a los seres humanos nos gusta tocar, medir, sentir y apreciar presencialmente. Hay cosas que viajan mal en digital y hay cosas que viajan bien. Los atributos digitales de una botella de agua, por ejemplo, viajan bien: no se producen grandes sorpresas cuando compras una botella de agua online; asumes pocos riesgos. Los atributos de una mesa camilla viajan mal: no sabes exactamente las medidas, el tacto, la calidad de la madera... De este modo, aunque BOPS soluciona las cuestiones relativas al precio y al stock, y los clientes ya saben que van a encontrar en la tienda esa mesa camilla soñada a un precio que les conviene, prefieren visitar la tienda y tocar el género (palabra en desuso, pero preciosa).

Porque, en efecto, las ventas en tienda aumentaron. Los compradores, tras confirmar la información relativa a la mesa camilla, se acercan a la tienda a inspeccionar su posible compra. Tocan la madera, se imaginan una tarde de sábado poniendo un brasero y jugando al tute (o la variante de tute que se estile allende los mares) y pasan por caja. BOPS les ha eliminado la fricción de la búsqueda de información offline (han ido a lo seguro) y también la espera en el envío por mensajería (se lo han llevado a casa puesto). Lo único que no ha resuelto la compra online es la incertidumbre que se produce frente a los artículos cuyos atributos no viajan bien en digital.

Si en esa empresa hubieran analizado en un compartimento estanco la venta online, llegarían a la conclusión de que el canal no funcionaba ya que las ventas disminuyeron un 2%. Pero la venta off creció un 6 % (es decir, generaron un total de + 4 % en ventas totales), motivado en gran parte por un fuerte aumento de visitas a la web, que de una forma indirecta logró redirigir a la tienda correcta al consumidor. Porque internet se había convertido, a ojos del consumidor, en un catálogo gigante con inventario en tiempo real de todos los productos, junto con el hecho de que le permitía localizar un producto concreto en una tienda concreta (no todas las tiendas tienen en stock el producto que deseas). Y esto afecta de una manera tremenda a las ventas en la tienda. Es decir, online funcionaba y mucho, aunque no cerraba la venta. De esta manera lograron capturar clientes que de otra forma nunca hubieran llegado a tener en su set de compra estos productos (este fenómeno se conoce como canal *shift effect*).

¿Has visitado en alguna ocasión un Ikea? ¿Y lo has hecho buscando un determinado producto (por ejemplo, una alfombra) que no has encontrado a pesar de haber realizado el esfuerzo de ir hasta allí? Mi amigo Antonio me contó que, tras largos años de investigación y visitas al emporio de los muebles que tú mismo ensamblas en la comodidad (e intimidad) de tu hogar, ha desarrollado un sistema científico de valoración de las sesiones de compra infructuosa en Ikea. Estas se pueden catalogar en tres estadios:

- MAL: si vas solo.
- FATAL: si vas con tu pareja.
- HORROROSO: si vas con tu pareja, tus hijos y tu suegra.

Antonio es un exagerado, pero su curiosa clasificación me sirve para compartir un punto de vista: el esfuerzo de ir hasta un Ikea es tremendo en comparación con el valor de aquello que tienes intención de comprar. En Crate & Barrel eran conscientes de este hecho y con la estrategia BOPS dieron el primer paso hacia la captación de clientes («¡Yo no voy a un Ikea ni loco!») que no estaban dispuestos a realizar el esfuerzo de ir a un centro comercial en las afueras para luego encontrarse con que, sí, tenían la mesa camilla que habían visto en la web, pero solo en nogal y ellos la querían en abedul.

También vendieron más en tienda porque aprovecharon la oportunidad que te da el *one-to-one* físico de realizar *up-selling* (has venido a comprar la mesa camilla de abedul, pero mírate la de nogal, que está mucho mejor) y *cross-selling* (ya que te vas a llevar la mesa camilla, ¿no te interesa ese tapete a juego?).

BOPS se ocupa, adicionalmente, de evitar gastos relacionados con devoluciones. Si enviamos a casa de nuestro cliente la mesa camilla, puede ser que no le guste porque al haberla comprado online se la imaginaba de otra manera, y quiera devolverla. Los costes del repatriado de la mesa camilla pueden caer directamente sobre nuestra delicada cuenta de resultados. O los famosos costes de reacondicionados también (todo el proceso de recepcionar un producto, validar su estado, guardarlo en el almacén…). Sin embargo, si el cliente va a buscarla a la tienda, allí mismo ya se da cuenta de que no es lo que esperaba y la cambia in situ.

De hecho, el Grupo Inditex, cuando comenzó a vender online, no permitía elegir la opción de envío a domicilio. ¿Por qué? ¿Cuál era su estrategia? Tan sencillo como que ellos entendían que Inditex vende una experiencia en tienda. Como habrás podido comprobar en tus paseos por las principales avenidas de las ciudades en las que has estado o vives, casi nunca se pone el sol en el Imperio Comercial de Inditex. Cientos, miles de tiendas preparadas para dar al cliente una experiencia de marca relevante que no se podía dar tan solo con la compra online. Así que, en el inicio, optaron por un BOPS «cerrado» que obligara a visitar una tienda para completar la experiencia. Desconozco cómo les fue, pero lo cierto es que ahora puedes elegir cómo te lo envían, un caso claro de la imposibilidad de ponerle puertas al campo durante un período de tiempo sostenible. Eso sí, también es cierto que, como ya he dicho, durante 2018 han decidido rediseñar 2.000 tiendas de Zara en 48 países, con la premisa de mejorar su propuesta omnicanal.

Nos viene bien entender que, hoy en día, mezclamos los canales de forma muy dinámica y, dependiendo del paso del embudo del proceso comercial en el que nos encontremos, bien sea en la fase de investigación, la de prueba, la de compra, la de entrega o la de post-venta, hay compradores que mezclan el on y el off según la categoría, el momento del día... o lo que les dé la gana. Se está produciendo un diálogo permanente entre el mundo online y el mundo offline. Y desgajarlos, separarlos, es poco menos que un suicidio comercial.

Además, la composición de esta mezcla depende mucho de la categoría. Por ejemplo, en la etapa «descubrir», si trabajamos en el mundo de la moda, interesa más la tienda, el offline. Sin embargo, si nos ceñimos al mundo de la electrónica, se descubre muy poco en tienda y mucho en web.

HAY MÚLTIPLES MANERAS DE BUSCAR, INFORMARSE, PROBAR Y COMPRAR PRODUCTOS

% de compradores

	Investigación	Probar o ponerse	Comprar	Recogida o entrega	Experiencia post-venta
Tienda	55%	81%	76%	76%	83%
Online	45%	19%	24%	24%	17%
Descripción	Describir nuevos productos y revisar varios productos y opciones de servicio	Hacer selección preliminar y verificar que es el producto correcto	Obtener y pagar por el producto	Adquirir productos comprados (recoger en tienda o entrega a domicilio)	Obtener apoyo post-venta (incluida la devolución); mejora la satisfacción del cliente

Fuente: A. T. Kearney.

Como conclusión:

1. El offline continúa siendo predominante.
2. En algunas categorías como viajes, música o videojuegos, o eres online (incluso móvil, diría yo), o estás muerto.

Lo que nadie pone en duda es que, o tienes como mínimo *Click & Collect*, o estás fastidiado. Ofrecer *Click & Collect* significa tener inventario en tiempo real para que el comprador elija entre comprar y recoger o reservar online y comprar en la tienda física. Porque tú quieres ir al Ikea de Badalona o al de L'Hospitalet, y tu peregrinaje al sanctasanctórum de los muebles embalados va a depender de si tienen o no esa fantástica estantería FONCILLÄSK.

Y hablando de Ikea, en los últimos años ha estado abriendo más tiendas con *Click & Collect* que sin, según sus propios datos, tal y como recoge *The Wall Street Journal*.[12]

Cada año más empresas en una multitud de países ofrecen este servicio. Algunos mercados están más avanzados que otros en la utilización del *Click & Collect*. Por ejemplo, en Reino Unido, dos terceras partes de las páginas web de *retail* lo ofrecen, y aproximadamente un 60 % en los países escandinavos. En Estados Unidos o Canadá, no llegan a una tercera parte, según datos de eMarketer.[13]

Al final, más canales no significa solamente más costes. En múltiples ocasiones nos preocupa la magnitud del coste de abrir canales para presentar una oferta omnicanal completa y pasamos por encima los tremendos beneficios que se obtienen al hacerlo. Algunos estudios afirman que ofrecer más canales significa:

- Mejorar la oferta de puntos de contacto disponibles para el consumidor.

- Más oportunidades para vender.
- Más impactos debido al mayor número de canales utilizados.
- Aumento de ventas frente a empresas que cuentan con menos canales:
    —El consumidor gasta hasta dos veces más cuando hay tres canales que cuando tenemos tan solo uno.
    —Los consumidores compran más cuando van a recoger al comercio los productos que han adquirido online (por encima del 20 % en muchas ocasiones). Y un porcentaje similar compran más cuando van a devolver algo comprado online.
- Más lealtad.
- Por encima del 10 % más de recomendaciones.

MITO 2: LAS OPERACIONES ONLINE PURAS SON MÁS EFICIENTES Y CONSTRUIR MARCA ONLINE ES MÁS BARATO

Para debatir sobre la veracidad de este mito, es interesante comprobar los resultados de una investigación que he llevado a cabo junto al profesor Pol Santandreu, intentando dar respuesta a las preguntas que surgen en la competición de los *retailers* puramente on y puramente off.

¿Puede un supermercado tradicional competir con un *retailer* de e-commerce como Amazon? ¿Qué determina que un gran distribuidor tenga o no futuro compitiendo con un *e-tailer*? De hecho, ¿tienen futuro los supermercados con presencia física respecto a los electrónicos? Si es así, ¿cómo competirán?

Hemos analizado los informes económico-financieros y de gestión de los últimos ejercicios de Carrefour, El Corte Inglés, Mercadona, Eroski y Dia, y los hemos comparado con un nuevo súper, el súper que viene, a través de uno de sus máximos exponentes: Amazon.

Las firmas analizadas tienen gamas de producto muy distintas y este hecho las hace en algunos aspectos poco comparables. También hay que tener en consideración que Amazon es otro tipo de animal respecto a empresas que solo tienen presencia en España. Sin embargo, una vez relativizados los números (al pasarlos a porcentajes mitigamos en parte estos problemas), la comparación nos ha parecido interesante porque nos permite descubrir quién hace bien qué. Y una vez conocidos estos datos, podemos interpretar cómo lo hacen.

Partiendo de información publicada por las compañías, hemos estructurado el análisis en dos bloques:

1. Cómo compiten las marcas «tradicionales» (offline, con algo de actividad online) entre ellas.
2. Cómo compiten estas con Amazon.

En los análisis hemos utilizado un esquema con cuatro variables clave del modelo *retail*, porque de su combinación depende la salud del negocio:

- Margen y gama de producto: de qué gama de producto disponen (profundidad y extensión) y margen con el que operan.
- Eficiencia operativa: se calcula combinando el rendimiento de la plantilla (a partir del coste por empleado y las ventas que genera cada uno de ellos) y la eficiencia del establecimiento (el coste de cada establecimiento y el número de empleados disponibles en cada uno de ellos).
- Eficiencia de la estructura: es la relación entre el beneficio de explotación y el margen bruto. A menor estructura y mayor margen bruto, mejor resultado.
- Modelo de tienda: el tamaño de las tiendas que explota cada enseña.

Te adelanto la conclusión por si tienes prisa y no te apetece leer ahora el estudio (aunque te recomiendo que lo hagas): el supermercado físico tiene mucho futuro, pero será muy distinto. Probablemente se llamará Amaz-ona o Merca-zon, porque será una mezcla de dos modelos, el off y el on, pero siempre que se den unas condiciones, especialmente en el operador offline o tradicional (no vale cualquier off).

Análisis 1: los tradicionales

Me alegro de que hayas decidido continuar leyendo. Vamos a comenzar por el análisis de los jugadores más convencionales: El Corte Inglés, Mercadona, Carrefour, Dia y Eroski.

Margen y gama de producto

Los que compiten en costes (y no en precios, que es una consecuencia de lo anterior), con una visión muy clara del rol que debe jugar la marca blanca, tienen menos margen bruto.

Así, por ejemplo, mientras Eroski consigue un margen bruto cercano al 29 %, Dia no llega al 23 %. A pesar de este margen bruto inferior, la rentabilidad de los activos de los negocios que compiten en costes es mayor. Además, el peso de la marca blanca en Mercadona o en Dia representa más del 50 % de la cesta de la compra de un cliente, mientras que, para Carrefour, Eroski o El Corte Inglés, representa menos de un 25 % de la cesta de la compra de un cliente.

Y todo esto teniendo en cuenta que, cuando se realizó el estudio, Carrefour y Eroski tenían el triple de referencias totales que Mercadona o Dia.

El ROI (*Return on Investment*) de Mercadona fue del 9,51 % en 2016, mientras que Carrefour, que cuenta con una gama más amplia y profunda de producto, obtuvo un 3,98%: menos de la mitad de rentabilidad.

Por el momento, podemos concluir que en este análisis la marca blanca da menos margen bruto pero más rentabilidad.

Eficiencia operativa

El Corte Inglés es la compañía con una eficiencia operativa superior, aunque dicho dato estaría atenuado por la baja valoración de sus edificios, comprados hace muchos años y con valores no actualizados.

Mercadona es la marca que presenta una mejor eficiencia operativa real. Siendo una de las que mejor paga a sus colaboradores, consigue una venta por empleado muy alta. Además, tiene una relación entre el coste de cada tienda y el número de personas que trabajan en cada una de ellas que aprovecha al máximo cada tienda, aumentando así la rentabilidad.

En el otro extremo está Dia, la que paga los salarios más bajos a sus empleados según nuestro análisis, y que consigue un peor resultado en esta variable.

Eficiencia de la estructura

Las marcas que venden más marca blanca obtienen resultados muy superiores. Dia y Mercadona duplican a Eroski en este apartado, por ejemplo.

Modelo comercial

Cuantos menos recursos se incorporen a la tienda y menores sean los activos como las existencias, mejor. En este sentido, Dia es la empresa que mejor gestiona sus inversiones en el establecimiento, lo que le hace recuperar posiciones en la rentabilidad, pese a perder en otros apartados.

Los modelos operativos de las firmas que venden más marca blanca son los que obtienen una mayor rentabilidad. Pero no la obtienen por los mismos medios: Mercadona, la que tiene mayor rentabilidad, la basa en la eficiencia operativa, es decir, en mayores ventas por empleado y un óptimo tamaño de tienda y personas asignadas en cada establecimiento. Por otro lado, Dia aumenta su valor mediante un equilibrio entre un coste por empleado bajo pero con alto volumen de ventas y mediante su baja inversión en relación con los recursos empleados en cada tienda (rotación alta de su stock y baja inversión en activos no corrientes).

Con ello son capaces de compensar su menor margen bruto, y obtener así mayor rentabilidad. Dicho de otro modo: el margen bruto no es el inductor de rentabilidad más importante, sino la gestión de la gama y la eficiencia operativa.

Análisis 2: los tradicionales vs. Amazon

Si a este análisis le sumamos el efecto Amazon, ¿qué podemos aprender?

Margen y gama de producto

Amazon consiguió, en el ejercicio 2016, un margen bruto global del 35%, mientras que las cadenas españolas analizadas consiguen, en valor promedio, un 26%. Es decir, una diferencia de un 34%. Además, Amazon imputa los costes de distribución dentro del coste de los productos vendidos, por lo que la diferencia de márgenes brutos es incluso mayor.

Eficiencia operativa

Amazon consigue una cifra de venta por empleado de más de 450.000 €, frente a los 203.000 € de los negocios offline. No hace falta comentario.

Obtiene mayor margen bruto y mejor eficiencia de los empleados y, por supuesto, de la tienda (o no tienda, aunque está comenzando a tener presencia offline). Por lo tanto, compite en una posición inmejorable contra los modelos de negocio basados en coste y ante los basados en oferta de amplitud de gama.

Pero no todo es positivo para la empresa con base en Seattle:

- No tiene vendedores.
- No puedes ver el producto.
- No te puedes llevar el producto en el momento.

Sin embargo, a pesar de estos problemas, Jeff Bezos ha tenido muy clara esta situación y ha luchado con tres vacunas, tres antídotos comerciales que le han permitido desarrollar el negocio de 6.500 millones de dólares en 2004 a 107.000 millones en 2015:

- *Ratings and reviews.*
- Fotos e información actualizada.
- Todo tipo de entregas y desarrollo de nuevas tiendas, así como adquisición de puntos de venta físicos (Whole Foods, 460 tiendas principalmente en Estados Unidos).

Con la compra de esta empresa parece constatarse que uno de los mayores jugadores de comercio electrónico también ve claro que más canales son más ventas. Comprando Whole Foods, Amazon está a unos 30 minutos como máximo de toda la población de Estados Unidos. Es decir, Amazon se supedita a los canales que quiere el cliente y no supedita a los clientes a sus canales. Probablemente, la visión de Amazon no es convertirse en un nuevo Carrefour con muchos supermercados «tradicionales», sino que quiere combinar lo mejor de los dos mundos.

Y esto nos lleva a la idea de que Amazon debe invertir mucho más para ser offline de lo que cuesta a un Carrefour ser online. Si algo tiene el emporio de Bezos es *cash*. Y se le nota. Amazon ha desembolsado algo más de 13.000 millones de dólares para comprar Whole Foods, lo que es algo más de 10 veces su EBITDA. Carrefour acaba de anunciar un plan para impulsar su actividad online donde invertirá unos 2.800 millones de euros en 5 años (560 millones al año). Es decir, parece que el esfuerzo que debe hacer Amazon para ser offline en las diferentes categorías en las que compite es mucho mayor que para una empresa como Carrefour añadir capacidades online. Así pues, tener tiendas te puede dar ventaja, si lo completas con una propuesta online potente.

De lo que no cabe duda es que esto va de sumar y no de quitar canales. Ganará quien sepa encontrar el mejor equilibrio. Hoy en día, las tiendas tienen un potente refuerzo con el mundo online. En un futuro no muy lejano, quizá sea al revés: las tiendas serán un refuerzo de lo que compremos online. Hasta entonces el modelo será Merca-zon, un híbrido entre empresas como Mercadona (modelo muy definido, con marca propia muy potente, capilaridad elevada y eficiencia operativa) y Amazon (con una capacidad online incuestionable por disponer de vacunas). Quién sabe si Amazon comprará algún operador con fuerte presencia en Europa y que no esté caro, como por ejemplo Carrefour, cuya cotización está plana desde hace años y tiene un plan de hacer crecer el negocio con marca blanca.

¿Veremos un Ama-four en breve? El hombre propone. Bezos dispone.

Mito 3: El online matará la tienda física

En online todavía no estamos siendo capaces de encontrar un modelo en el que tú acabes gastando más de lo que tenías planeado. Cuando compras online sueles hacerlo mirando una lista física o mental. Vas de caza, no vas de recolección. Y no hemos sido capaces de desarrollar una estrategia que te anime a comprar por impulso. No como en tu hipermercado de confianza, en el que la luminosidad de los productos te atrae de manera imperiosa cual luciérnaga en la luz de un farolillo de verano, y acabas colocando en tu carro ese chocolate negro relleno de frambuesa y ese set de cremitas que no aparecían de ninguna manera en tu lista de la compra.

Según un estudio de la consultora A. T. Kearney, los consumidores gastan hasta un 40 % más[14] de lo planeado cuando compran en tiendas físicas, y esta cifra desciende hasta el 25 % si la compra es online. Según otro estudio,[15] realizado en 2018 a 5.000 tiendas en Estados Unidos, solo el 7 % de sus clientes son omni, pero realizan el 27 % del gasto. Por otro lado, el 44 % de los clientes son puros online, y representan solo el 24 % de sus ingresos. Por tanto, las tiendas físicas continúan ofreciendo la mejor oportunidad a los *retailers* para que sean capaces de conseguir un mayor gasto por parte de sus consumidores.

De hecho, si dibujáramos un cuadro comparativo de las ventajas que percibe el consumidor al optar por la compra online o por la compra en tienda física, obtendríamos algo como esto:

VENTAJAS EN TIENDA FÍSICA	VENTAJAS EN TIENDA ONLINE
«Me lo llevo puesto.»	«Puedo comparar precios.» «Comparto con mis amigos y veo lo que opinan.» «Accedo a mucha información del producto.» «Me gusta leer las opiniones de otros clientes.»

«Es fácil devolver lo que no quiero.»	«Tengo más opciones para elegir.»
«Es más cómodo probar y tocar los productos.»	«Pago rápido y sin hacer cola.»
«Me gusta contar con la opinión y la ayuda de los vendedores.»	«La comodidad de conseguir cualquier cosa, en cualquier lugar, en cualquier momento.»
	«Promociones especiales.»

Pero si hacemos bien el on… las ventajas de las tiendas físicas se diluyen. Y si hacemos bien el off… las de online, también. En la siguiente tabla explico por qué.

VENTAJAS EN TIENDA FÍSICA	VENTAJAS EN TIENDA ONLINE
«Me lo llevo puesto.» YA NO ES VERDAD: Te lo llevan en horas si quieres (sin costes extra) y puedes recogerlo en la tienda más cercana.	*«Puedo comparar precios.»* YA NO ES VERDAD: Con el móvil también se pueden comparar los precios en la tienda.
«Es fácil devolver lo que no quiero.» YA NO ES VERDAD: Existen empresas de ropa en las que el transportista espera mientras te lo pruebas y puedes devolverlo en el momento. Devolución en tienda de compra online.	*«Tengo más opciones para elegir.»* YA NO ES VERDAD: Parcialmente solucionado con opciones de pedir en tienda y recoger después o en casa.
«Es más cómodo probar y tocar los productos.» YA NO ES VERDAD: Probadores virtuales, visión 360°, vídeos con demos…	*«Pago rápido y sin hacer cola.»* YA NO ES VERDAD: Tecnología de *fast check-out*.
«Me gusta contar con la opinión y la ayuda de los vendedores.» YA NO ES VERDAD: Asistentes virtuales, chats online, algoritmos de estilo que hacen las funciones de *personal shopper*…	*«La comodidad de conseguir cualquier cosa, en cualquier lugar, en cualquier momento.»* YA NO ES VERDAD: Parcialmente solucionado con quioscos en escaparates, para no depender del horario de la tienda.
	«Promociones especiales.» YA NO ES VERDAD: Apps de cupones por geolocalización.

☐ Prácticamente igual on/off. ▨ Se aplica experiencia on/off de forma aproximada.

En Adidas lo tienen bastante claro: te presento el Adiverse Wall. Se trata de un *videowall* en el que podemos ver miles de referencias de Adidas, y las personalizas a tu ritmo. Cuando te acercas al mural de vídeo, la cámara detecta si eres hombre o mujer y ajusta la gama de productos en función de esto (aunque puedes cambiar el género si lo deseas, en el caso de que estés buscando un regalo para tu pareja que lleve incluido el mensaje subliminal de que tiene que hacer deporte, que se está poniendo un poco fondón/a). Como se trata de un panel electrónico, podemos seleccionar la gama de producto que queremos, por ejemplo, zapatillas deportivas y... *voilà!*, la profundidad de gama es infinita. Además, puedes acceder a los comentarios de otros usuarios en las redes sociales sobre ese mismo producto, conocer cada una de las referencias en detalle (características técnicas relacionadas, por ejemplo, con los materiales utilizados en su diseño), la historia de su diseño (si lo usó tal o cual jugador en la final de la Champions y marcó un gol o falló un penalti clave)... Es otra ventaja del online que podemos aplicar al offline gracias al punto de venta. Por lo tanto, para mí, la tienda tiene mucho futuro, pero será una tienda distinta. Una que deberá unir lo mejor del mundo online con lo mejor del mundo offline, integrando ambos mundos para conseguir una buena conexión con sus clientes actuales y potenciales. Integración = Conexión.

MITO 4: LOS CLIENTES DE ONLINE QUIEREN SUS COMPRAS YA

Nos ha tocado vivir una época en la que parece que lo queremos todo y lo queremos ahora. Que se nos agota la paciencia con una facilidad nunca vista. Que nos enfadamos si hay cola en el Starbucks. Que si el *loading* de nuestra serie favorita en Netflix tarda un poco más de la cuenta (por ejemplo, 10 segundos), comenzamos a hiperventilar.

Esta manera de transitar por la vida a la que nos hemos acostumbrado nos parece que es natural extrapolarla a las compras online. Y lo cierto es que, cuando compramos online, no nos comportamos así. Mañana nos vale.

Porque si necesitamos unos zapatos imperiosamente para ir esta noche a la recepción de los embajadores de las islas Caimán, no podemos esperar. Pero si se trata de unos zapatos que serán utilizados en la boda de tu primo el mes que viene, te da igual mañana que pasado.

MAÑANA ME VALE
% de consumidores de Estados Unidos que dicen que la compra online mejoraría con:

Entrega gratuita	74%
Precios + bajos	50%
Devoluciones gratuitas	35%
Webs + seguras	25%
Entrega + rápida	15%
Entrega en el propio día	9%

Fuente: *MIT Technology Review.*

Lo que más valoramos, por encima de todo, es la entrega gratuita.[16] Nos importa que nos lo entreguen cuanto antes, pero le damos más importancia a que no nos cobren los gastos de envío, que sean gratis. Ojo, con matices: gratis no tiene por qué ser gratis total. Puede ser gratis a partir de una determinada cantidad de compra. O gratis por estar suscrito a un tipo de entrega anualizado. O gratis en un período de tiempo cerrado: durante las Navidades, en Halloween, en verano… Aquí las empresas tienen que hacer sus números para ver cuándo les interesa más este tipo de servicio que, sin duda, puede mover la aguja de sus ventas online.

En el futuro próximo (ya), todas las empresas de paquetería urgente deberán adaptarse a un mundo en el que habrá una fragmentación en los modelos de entrega, en el que tú estarás dispuesto a pagar en función de la urgencia con la que desees/necesites un producto. Eso significa que entregarán por franjas horarias cada vez más cortas (períodos de 15 minutos, lo verás en el siguiente párrafo), te permitirán también flexibilizar la entrega de los productos en el día cambiando lugar de entrega o bien persona de entrega (no lo dejes en mi casa, déjalo en mi despacho; no me lo dejes a mí sino al vecino, porque no estaré en casa cuando llegue el mensajero). En mi opinión, todos ellos son modelos de hiperservicio o de servificación. En definitiva, la idea de fondo es clara: todos queremos nuestra compra ya, pero ¿estoy dispuesto a pagar por ello un extra?

En paralelo, lo que se va a valorar por encima de otras características es la precisión en la entrega. Se acabaron esas franjas de «Le llevo la compra de 14 a 20 horas» o bien «Espere usted 6 horas en casa como si no tuviera otra cosa que hacer para recibir (si llega) a un mensajero poco amigable que se queja de que no hay sitio para dejar la furgoneta». Aquí existe una gran oportunidad para las empresas que aprecien el valor que le da el consumidor a recibir su producto en un intervalo de tiempo predecible. Esa es la palabra clave.

Quitando la «e» al e-commerce

Hubo una época, no tan lejana, en la que me dediqué a trabajar en la industria aérea. Supongo que tú vuelas con frecuencia, que estás acostumbrado a coger aviones y que ya casi no te acuerdas (lo has borrado de tu memoria; es maravilloso cómo actúa el instinto de protección del ser humano) de la diferencia que había entre viajar hace unos años y los viajes que realizas actualmente.

Antes ibas a un aeropuerto, que seguramente en tu imaginación era en blanco y negro, porque de eso hace mucho tiempo. Aparcabas el coche en la mismísima puerta, sin necesidad de recordar que lo habías dejado en el Parking P14, Planta E-1, Plaza 264 (color naranja, Elefante. ¿Desde cuándo hay elefantes naranjas?). Te bajabas y te dirigías a un mostrador donde un (no tan) simpático caballero recogía tu billete de avión, que constaba de varias hojas, incluida una de papel de calcar de color rojo. Él se quedaba con tu billete y te entregaba una de las hojas. Y en ese momento, ese documento se transformaba en la única prueba de que tú tenías acceso a ese avión. No había duplicados, así que, si lo perdías, te quedabas en tierra. Esa misma persona te recogía la maleta y apuntaba a mano en una tarjeta tu nombre de pasajero asociado a la maleta. Mientras tú te dirigías a la puerta de embarque (sin *finger, of course*), él llevaba tu equipaje al avión.

Hoy en día, los aeropuertos no se parecen en nada a esto. Son unas estructuras gigantescas bastante impersonales en donde los viajeros frecuentes han desarrollado un sentido agudísimo de no relacionarse (o hacerlo lo menos posible) con otros seres vivos hasta llegar dentro del avión. Porque el trato con un ser humano significa incertidumbre: no sabes lo que puede pasar. Esa persona que te atiende puede hacer que tu viaje, en apariencia normal, se transforme en una experiencia infernal. Ahora dispones ya de varios trucos para evitar el contacto humano, por ejemplo, las máquinas de check-in, en las que puedes facturarte a ti mismo sin tener que hablar con un humano, simplemente introduciendo tu tarjeta de crédito o la de pasajero frecuente.

Detengámonos, por un momento, en el proceso.

Entre que has colocado tu Visa/American/Mastercard/Tarjeta de fidelización-puntos de la aerolínea y ha salido la tarjeta de embarque habrán pasado uno o dos segundos.

Este capítulo está dedicado a lo que pasa durante ese intervalo de tiempo.

En ese segundo hay un chequeo de qué tipo de pasajero eres. Van a saber ipso facto si eres un pasajero frecuente, muy frecuente, superfrecuente o si tienes una vida miserable porque la pasas a bordo de un avión todo el rato. A partir de aquí, van a decidir si puedes pasar por el *fast-track* o tienes que aguantar la cola de seguridad normal, o si te corresponde sala business o no. Y, por supuesto, comprueban que tu nombre no esté en un listado de terroristas o que no seas un protagonista real de la serie *Narcos*.

Entonces te entregan una tarjeta de embarque asociada normalmente al tipo de asiento que tú prefieres: ventanilla o pasillo. Delante, detrás o en la salida de emergencia. Y lo van a hacer nivelando la carga del avión, porque el sistema sabe si el vuelo va muy lleno o no.

Después te informan del enlace que tienes, para que cuando llegues a Stuttgart puedas coger el siguiente avión, que te va a transportar a Moscú; han comprobado con el destino al que vas a llegar dónde está el avión que te va a recoger en Stuttgart.

Todo esto ha pasado en uno o dos segundos.

Y es posible porque hay nodos que hablan con nodos, servidores que están conectados a servidores, antenas comunicadas con antenas… que están comprobando datos todo el tiempo, preguntando datos, actualizando datos, ajustando datos. En definitiva, como asegura la consultora McKinsey, en los próximos 20 años la economía digital, esta que no vemos, va a igualar a la economía física (es decir, en unos 40 o 50 años desde su fundación, esta nueva economía tendrá el mismo tamaño que la que hemos tardado milenios en construir). Esto tiene como consecuencia que hay procesos que van a desaparecer, trabajos que no van a tener razón de existir… La forma de hacer negocios va ser completamente diferente. Una nueva economía silenciosa, automática, gigantesca, que no se ve y que no descansa nunca. Los humanos diseñan los procesos pero no son los encargados de su ejecución.

Antes de entrar en las piezas para que cualquier ejecutivo comprenda cómo aprovechar el comercio electrónico, querría exponer una definición un poco provocadora del mismo: quitemos la «e» al e-commerce. Porque, tal y como hemos visto en las páginas previas cuando hablábamos de omnicanalidad, en realidad, todo es comercio. Y el consumidor no distingue entre los silos que creamos los vendedores (que tenga o no «e» es irrelevante). Pero para poder hacer desaparecer la «e», es necesario conocer en profundidad lo que es el e-commerce. Suele haber mucha confusión con respecto a lo que se considera, o no, comercio electrónico.

Comercio electrónico son ventas con transacciones que han ocurrido en el entorno online, independientemente de dónde se realice la compra y dónde se entregue el producto o servicio.

Esta simple definición nos transmite cuatro características clave del e-commerce:

1. Si no hay venta, no hay comercio electrónico.
2. Si no sucede online, no es comercio electrónico.
3. Da igual dónde se realice la transacción online, porque se considera e-commerce también cuando sucede en una tienda, desde tu móvil o con algún dispositivo que te faciliten allí.
4. Es irrelevante el lugar donde recibas tu compra. Puedes comprar online y recibir el paquete en el maletero de tu coche, como en un test que realizaron Amazon y Audi en Munich.

El comercio electrónico es un puzle formado fundamentalmente por 6 piezas que he visto que resulta útil etiquetar y dominar para la acción directiva:

- CONTEXTO: Es necesario comprender bien el nuevo entorno que nos rodea. ¿Qué mercados van por delante? ¿Qué categorías crecen?
- CLIENTES: La parte más importante del espectáculo, a la que vamos a tener que dedicar todo nuestro esfuerzo. ¿Son iguales en el off que en el on? ¿Son todos iguales dentro de un mismo canal?
- TIPOLOGÍAS DE E-COMMERCE: Nos encontramos con distintas modalidades de e-commerce, varias maneras de relacionarnos con el cliente utilizando la tecnología. Incluso en las tiendas físicas.
- LOS CUATRO PASOS IMPRESCINDIBLES DEL E-COMMERCE: El e-commerce solo tiene 4 pasos de baile (navegación, información, servicio al cliente y logística). Es importante entender que te moverás al ritmo del paso en el que vas más lento. Que la navegación y la información son solo factores de higiene, y que la auténtica diferenciación se produce en el servicio al cliente y la logística. Y que, para implementar los dos primeros, da igual que tengas un cliente, cien, diez mil o un millón. Sin embargo, los dos últimos cambian la complejidad de gestión si son uno, mil o cien mil. En general, es complejo dominar los cuatro pasos a la vez.
- CONSEJO DE ADMINISTRACIÓN: Son los últimos responsables de todo y los primeros que deben tener una visión de cómo construir relaciones con los clientes.
- DIRECTIVOS: Son los que ejecutan lo que el consejo de administración les ha pedido que lleven a cabo. Deben tener sus propias ideas de cómo llegar al objetivo establecido.

Las dos últimas piezas (consejos y directivos) son tan relevantes que encontrarás una sección entera dedicada a las mismas (en el capítulo 5, «El liderazgo en la era de la obsolescencia»).

Contexto

Para entender el contexto, está bien que nos detengamos un poco en los números: mientras que las ventas asociadas al comercio electrónico a nivel mundial eran de algo más de 1,3 billones de dólares en 2014, se estima que en 2018 esta cifra se habría duplicado, y en 2021 se triplicaría, hasta alcanzar los casi 5 billones, según estimaciones de eMarketer.[17]

Resulta evidente que el e-commerce está en constante crecimiento. Pero aun siendo importante, entender el volumen bruto del comercio electrónico no es tan fundamental como conocer su tasa de crecimiento por países. Darse cuenta de que el desarrollo del e-commerce es un fenómeno global, pero que viaja a velocidades muy distintas por las diferentes zonas del mundo.

PORCENTAJE DE COMPRAS DE *RETAIL* ONLINE RESPECTO AL TOTAL DE *RETAIL* POR PAÍS		
	2013	2018
España	2 %	5 %
Reino Unido	12 %	15 %
Países Bajos	6 %	8 %
Suecia	4 %	6 %
Alemania	7 %	10 %
Italia	2 %	4 %
Francia	6 %	10 %

Fuente: eMarketer.

¿Cuántas veces habremos oído hablar de la famosa «Europa de las dos velocidades»? Pues el e-commerce no se mueve a dos velocidades, sino a tres:

- Grupo 1. Desarrollados (por encima del 10 % de penetración): Reino Unido y Alemania.

- Grupo 2. Desarrollo medio (entre un 5 y un 10 %): Holanda y Francia.
- Grupo 3. Desarrollo bajo (menos del 5 %): Suecia, Italia y España.

No deja de ser curiosa la presencia de nuestro país en el furgón de cola, cuando tenemos uno de los operadores superlíderes a nivel mundial (Telefónica), que ha conseguido que la penetración por dispositivo móvil sea enorme. Sin embargo, no hemos sido capaces de traducir toda esta infraestructura a ventas.

Clientes

Nada caduca más deprisa que un gráfico temporal impreso en la página de un libro, pero un cuadro como este nos invita a hacernos dos preguntas: ¿en qué zona se está produciendo un crecimiento más rápido del e-commerce? y ¿en qué sectores?

ACTIVIDAD DE LAS 250 MAYORES EMPRESAS DE E-COMMERCE POR GEOGRAFÍA			
	Número de empresas con ventas por e-commerce	% de venta por e-commerce del total de ingresos por *retail*	Crecimiento del e-commerce anual
Top 250 *retailers* mundiales	145	6,2 %	21,1 %
-Excluyendo Amazon y JD	143	4,2 %	20,1 %
Asia/Pacífico	28	4,7 %	42,5 %
-Excluyendo JD	27	2,4 %	23,8 %
Europa	57	3,6 %	16,0 %
América Latina	8	7,1 %	27,3 %
Norteamérica	51	8,9 %	20,0 %
-Excluyendo Amazon	50	5,1 %	21,8 %

ACTIVIDAD DE LAS 250 MAYORES EMPRESAS DE E-COMMERCE POR CATEGORÍA			
	Número de empresas con ventas por e-commerce	% de venta por e-commerce del total de ingresos por *retail*	Crecimiento del e-commerce anual
Moda y accesorios	35	7,0 %	21,0 %
FMCG (productos de consumo)	61	1,9 %	21,6 %
Hardlines (electrónica de consumo)	37	20,8 %	22,4 %
-Excluyendo Amazon y JD	35	9,5 %	21,4 %
Varios	12	7,8 %	14,2 %

Fuente: Deloitte.

Si nos fijamos en las ventas que realizan los 250 *top retailers* de e-commerce mundiales,[18] Asia/Pacífico es la región que crece más rápido desde hace años. Y, por sectores, las *hardlines* (en *retail* se llama *hardline* a las líneas de productos que resultan «duros» al tacto: electrodomésticos, equipamiento deportivo, hardware, etc.) y los equipamientos relacionados con el ocio. Fíjate en el peso de Amazon y JD (una especie de Amazon chino de venta al por menor).

Tras estas dos preguntas, me surge una reflexión: ¿qué me impide, con la ayuda del e-commerce, vender en otros mercados que crecen más rápido que el mío?

Observar la cantidad de personas que compran online por país puede ayudarte a ampliar y reenfocar tus objetivos de comercio electrónico.

Si, por ejemplo, decides comenzar por mercados como el chino y el alemán (todo el mundo sabe lo fácil que resulta manejar ambas lenguas), tendrás un acceso inmediato a un mercado de 600 millones de personas acostumbradas a comprar online (este es el volumen de compradores online que eMarketer estima que hay en 2019). Quizá merezca la pena ponerte después de verano, con energía renovada, con los fascículos de los cursos a distancia de ambos idiomas. Si te animas con el japonés y lo añades a la lista, sumarás 80 millones de compradores regulares más.

Un dato similar, pero traducido a cantidad de ventas, nos revela una información muy similar: China manda y junto con Estados Unidos se comen prácticamente todo el pastel.

GASTO EN E-COMMERCE (EN MILES DE MILLONES DE DÓLARES)		
	2016	2020
China	899	2.416
Estados Unidos	397	684
Reino Unido	104	145
Japón	77	92
Alemania	58	77
Corea del Sur	40	53
Francia	39	50
India	23	79
España	15	21

Fuente: eMarketer.

Tipologías de e-commerce

Existen, al menos, cuatro tipos de comercio electrónico que podemos clasificar por dispositivo utilizado o bien por comportamiento del comprador.

Por dispositivo:
- *Mobile commerce*
- *TV/Media commerce*

Por comportamiento:
* *Social commerce*
* *Branded commerce*

Merece la pena detenerse con más detalle en los dos que, en mi opinión, van a dar más juego en los próximos años: *mobile* y *social commerce* (de los otros dos hablaré de forma más breve).

Mobile commerce

La expresión *mobile commerce* se acuñó en 1997 y se definió como «poner directamente en las manos del cliente la capacidad de realizar transacciones de forma electrónica en cualquier lugar a través de tecnología *wireless*». O sea, que el concepto tiene ya más de 20 años de edad, pero es en los últimos diez cuando los adictos al marketing nos hemos hartado de escuchar la misma cantinela en blogs, *news feeds* y sesudos *papers*: «2010 será el año del despegue definitivo del *mobile commerce*». Al año siguiente, «2011 será el año del despegue definitivo del *mobile commerce*». Un año más tarde, «2012 será el año de despegue definitivo del *mobile commerce*». Y así, como diría Buzz Lightyear, hasta el infinito y más allá.

Pero antes de adentrarnos en el universo de ese comercio móvil que siempre está a punto de dar el golpe, hagamos un poco de historia.

El IBM Simon (1994) tiene el honor de ser considerado, cronológicamente, el primer smartphone. Sin embargo, podríamos convenir que la piedra angular sobre la que se edifica todo el «smartphonismo» es el iPhone (2007). Es decir, la industria del m-commerce es muy joven aún.

El smartphone ha tomado un protagonismo impensable en nuestras vidas. Es lo último que miramos cuando nos vamos a dormir y lo primero que tocamos al despertar (muy por delante de nuestras respectivas parejas). Se ha convertido en un apéndice inseparable de nuestro cuerpo, que nos abre una ventana a un mundo de datos, información, series de televisión maravillosas, snapchats de gatitos, emails del jefe y grupos de whatsapp «madres de 4.º A» capaces de derrocar hasta a un gobierno si se ponen a ello. ¡Incluso se pueden recibir y realizar llamadas en un smartphone! Es la navaja suiza del entretenimiento y el desarrollo profesional. Vale para todo:

«There's an app for that®.» No recuerdo en qué país oí por primera vez esta frase. Me reí, lo reconozco. ¿Cómo es posible que haya una app para todo, todo y todo? Pues no solo ha dejado de ser un chiste para convertirse en una realidad, sino que Apple registró esta frase en la Oficina de Patentes y Marcas de Estados Unidos. Nos hemos vuelto locos con las apps.

Llevamos un ordenador en el bolsillo. Una máquina tremendamente poderosa con la que investigar, reflexionar y desarrollar proyectos.

¿Cuántas veces has respondido a un correo del trabajo un sábado por la tarde desde tu móvil? Quien esté libre de pecado, que tire la primera piedra digital. Bien utilizado, el smartphone es una herramienta extraordinaria para estar conectado con el trabajo evitando estar permanentemente en la oficina. Mal utilizado se convierte en un aniquilador de vida personal, al no poder desconectar en ningún momento.

Es la segunda pantalla, en la que interactuamos a través de las redes sociales comentando y compartiendo cualquier cosa que suceda en nuestras vidas.

Es lógico que un «aparato» tan relevante para nuestro día a día se vaya convirtiendo en una pieza angular del comercio electrónico. La economía del m-commerce ha ido creciendo hasta llegar al punto actual, en el que, en algunos países, supone más de la mitad del total del comercio electrónico, como en China (66%),

India (78%) o Corea del Sur (61%), según estimaciones de eMarketer[19] para 2019.

20 años después del «nacimiento» del m-commerce, parece que la profecía del «despegue imparable» se está cumpliendo de verdad. 2017 ha sido un año excepcional para el comercio móvil; posiblemente le estemos perdiendo el miedo a transaccionar con nuestro smartphone de confianza. De hecho, en 2018 las ventas por m-commerce igualarán a las que se obtenían en 2013 en TODO el e-commerce.

Según un estudio de Goldman Sachs, basado en datos de eMarketer y Euromonitor, se estima que el e-commerce ha ido creciendo desde 2012 a tasas de entre 15 y 18% anuales. A su vez, se ha triplicado en el mundo el volumen de dispositivos listos para realizar m-commerce (o lo que es lo mismo, smartphones y tablets). Si le sumas la población que está accediendo a internet (y compra), y los que ya navegaban pero ahora también compran, en 6 años habremos pasado de 200 millones a 1.100 millones de compradores online. Ojo, de «mucha gente» estamos pasando a «muchísima». Además de la cantidad de gente, también se incrementa el volumen de transacciones por comprador, que pasa de casi 300 $ anuales a casi 600 $ en el mismo período temporal. Si sumamos todo esto, el resultado es un montón de dinero, es decir, un mercado gigante.

Esto va en serio. ¿Estamos preparados? ¿Tienes tu web y tu tienda online realmente optimizadas para móvil? ¿Son *responsive*? Es decir, ¿son capaces de adaptarse a cualquier tamaño de pantalla?

Social commerce

Es una parte del comercio electrónico que implica la utilización de las redes sociales, los medios online que permiten las interacciones sociales y las contribuciones de los usuarios, para ayudar en la compra y venta online de productos y servicios.

Si, en general, el m-commerce es esa bomba de ventas a punto de explotar, podríamos decir que el *social commerce* será *the next big thing*.

Y si hablamos de social, es imprescindible hablar de Facebook, la auténtica reina de las redes sociales en Occidente (en China es Wechat, de la que hablaré unas líneas más abajo). No se nos debe olvidar que existen otras redes sociales como Instagram o Snapchat que ya cuentan con botones de compra, pero en la historia de la humanidad muy pocas cosas han tenido tanto éxito, en términos de adopción y uso, como Facebook. Facebook es la red social líder en 127 de 134 mercados analizados (es la zona cero de las redes sociales). Cuando estoy escribiendo este libro, unos 7.500 millones de homínidos habitan nuestro planeta. De ellos, 1.200 millones entran diariamente en el invento de Zuckerberg. 1.200 millones de personas con distintos intereses, aficiones, culturas y modos de vida. El mayor muestrario de personalidades nunca visto. Cada día. Así que centraremos nuestra visión en ella.

Cada mes entramos en Facebook 2.000 millones de personas. Se calcula que en el mundo hay unos 2.200 millones de cristianos. Mark está cerca de sobrepasar a Jesucristo en número de *followers*. No está mal para una empresa que salió al mercado en 2004.

Con estas apabullantes coordenadas numéricas, resulta evidente que Facebook se ha convertido en la niña bonita del *social commerce*, en el centro comercial social por excelencia, especialmente desde que ofrece la posibilidad de realizar venta directa desde la plataforma sin necesidad de que el usuario cambie de ecosistema (es decir, puedes comprar, y vender, sin salir de la página de Facebook). Estas páginas de venta de Facebook, así como de otras redes sociales como Instagram o Pinterest, son una gran plataforma que está sirviendo a marcas y a anunciantes para construir sus estrategias de marketing, al integrar sin costuras el proceso de venta en la red social. Estás dándole un «me gusta» a la última creación videográfica de Dulceida, en la que luce un bolso realmente monísimo y, casi sin darte cuenta, has comprado una lata de atún premium y, ya que estabas, unas cortinas para el cuarto de estar.

Los *social plug-ins* (esos iconos de *like* con el pulgar levantado que aparecen muchas veces debajo de un producto en una tienda), si estás en sesión, te permiten descubrir, de 1.000 opiniones anónimas sobre ese producto que te ha interesado, qué opinan del mismo 3 de tus amigos «que pasaban por ahí». Esa pequeña muestra te puede animar a darle *like* a ese producto, para que a su vez entre a formar parte de una lista de deseos que tus amigos en la red social puedan utilizar para comprarte algo el día de tu cumpleaños (porque te sale una alarma el día del cumpleaños de cualquier amigo). ¿Impresionante o inquietante?

Hay países donde este tipo de comercio está creciendo con fuerza. China es un caso curioso porque, a pesar de que no tenían una extensa cultura de tarjetas de crédito, nos llevan años de ventaja en el *social commerce*. Por ejemplo, Wechat se ha desarrollado hasta convertirse en todo un ecosistema que permite vivir en él (o «a través de él»). Aquí tenemos apps para comprar. Allí la red social por excelencia te permite adquirir comida a domicilio (como si fuera un Glovo o Deliveroo), también reservar un restaurante e incluso pagarlo por adelantado. Y si aún no quieres pagar no pasa nada: cuando terminas de comer en el restaurante, escaneas el código QR del ticket (o de la pantalla del restaurante) y pagas con la misma app. Todo dentro de una sola app que resulta que es una red social.

Otros formatos de comercio electrónico que vienen son el *TV commerce*, centrado en el comercio a través de programas que puedas ver en tu dispositivo de televisión (similar a ver un programa en tu móvil pero sencillamente con más pulgadas). Wikipedia lo define como «un medio de compra que usa los sistemas televisivos para presentar productos y procesar pedidos».

Es decir, si ves a un actor con una chaqueta de piel que te quita el sueño, podrás conocer la marca y qué colores tienen disponibles clicando sobre la misma y directamente comprarla en una tienda recomendada en dicha serie. O hacer lo propio con un set de productos de una receta (desde la materia prima de los ingredientes hasta el utillaje empleado).

Otra fórmula de comercio electrónico que se está desarrollando en los últimos años cada vez con más fuerza tiene que ver con el *branded commerce*. Se trata de contenidos «curados» por un medio (en el concepto anglosajón del término, es decir, cuidado), tras el cual el lector/consumidor de dicha información o contenido puede comprarlo, por lo general, en el propio medio. Aquí es evidente que va a existir un intenso debate sobre hasta dónde están dispuestos los medios (y los periodistas) a transigir en la intromisión comercial de su trabajo, porque el periodismo tiene un papel fundamental en no mercantilizar sus opiniones (¿quién quiere comprar un vino cuya crítica ha sido escrita por la bodega que elabora dicho caldo?).

Los cuatro pasos imprescindibles del e-commerce

Esto te sonará trivial, pero el primer mandamiento del e-commerce es alinear la estrategia de comercio electrónico con la estrategia comercial de la empresa.

Como dicen los buenos contadores de chistes, te voy a contar una historia verídica al respecto. Uno de mis alumnos de un programa ejecutivo me explicó que en el año 2006 trabajaba en una compañía aérea a la que le estaba yendo fenomenal en el comercio electrónico. Las ventas subían como la espuma. Habían pasado de vender menos de un 5% de los billetes electrónicos a un 24% a través de sus canales de venta directa (esencialmente online, pero también algo por teléfono y en las propias oficinas de los aeropuertos). Qué tiempos de felicidad. Noche tras noche miraban los gráficos de ventas y cada día era más productivo que el anterior. La flecha, siempre hacia arriba. Los bonus, el éxito, la fama. Qué maravilla. Pero, de repente, de un viernes a un lunes, las cinco mayores agencias de viajes del país se plantaron y decidieron que, como les iba tan bien en la venta directa, ellos cesaban la venta de billetes de la aerolínea. En ese momento se les cayó el 75 % del negocio. Comenzaron a perder millones de euros cada día. La compañía aérea pasó de estar en números negros a vivir en la incertidumbre de los números rojos en solo una semana. Imagínate la presión. Era el primer año en el que la compañía iba a dar beneficios y estos estaban desapareciendo de forma acelerada. Puedes imaginarte los gritos en las llamadas de los miembros del consejo a los directivos.

¿Por qué llegaron a esta situación? Porque los objetivos de la compañía no estaban alineados con los objetivos comerciales y, muchísimo menos, con los del comercio electrónico. Presionaron demasiado con el e-commerce cuando el mercado aún no estaba preparado para ello y saltaron todos los engranajes. En la estrategia del silo que mi alumno capitaneaba como director de marketing, los resultados eran impecables. Pero tensionaron al mercado y colisionaron con los objetivos de la empresa en general.

Por lo tanto, antes de emprender cualquier actividad de comercio electrónico tenemos que tener clara la respuesta a esa reflexión trivial de la que te hablaba antes: ¿está alineada la estrategia de comercio electrónico con la estrategia comercial de la empresa? Quizá sea el momento de responder a preguntas tan básicas como: ¿Tenemos el producto? ¿Tenemos marca? ¿Tenemos *market share*? ¿Tenemos los canales de venta listos? ¿El mercado nos va a acompañar si cortamos la distribución en un sitio y la enchufamos en otro?

No hay un modelo correcto o equivocado para contestar estas cuestiones. Hay que entender a qué te expones y tomar decisiones.

El profesor Roger Hallowell,[20] en el momento de escribir el texto que comentaré como parte del claustro de la Harvard Business School, actualmente en HEC París (École des Hautes Études Commerciales), nos propone un resumen ejecutivo del proceso del comercio electrónico en su estudio «Virtuous Cycles: Improving Service and Lowering Costs in E-Commerce», ideas que se inspiran a su vez en el trabajo de múltiples autores. Cuatro pasos, solo cuatro y muy relacionados entre ellos, componen el resumen ejecutivo de lo que debemos dominar cuando desarrollamos actividades de comercio electrónico. A mi modo de entender, son las gotas destiladas que debemos conocer del comercio electrónico. Eres tan rápido como el paso más lento que tengas (efecto cuello de botella). Los dos primeros son factores de higiene y los dos segundos son factores de diferenciación.

1. NAVEGACIÓN: Es la facilidad con la que un usuario puede desplazarse por todas las páginas que componen un sitio web.
2. INFORMACIÓN: Proveer de información (precios, características de producto, modelos de entrega, servicios varios…) de interés para los consumidores.
3. ATENCIÓN AL CLIENTE: Contacto entre el vendedor y el comprador (humano o bien de carácter automático, en ambos casos a través de teléfono, email, chat en vivo…).
4. LOGÍSTICA: Empaquetado y envío, sistemas de pago y otros componentes tangibles de los servicios de entrega.

La ventaja competitiva está en aquello que es difícil de replicar. Replicar una excelente navegación e información es tremendamente más sencillo (siendo en sí mismo complejo) que copiar un estupendo servicio de atención al cliente o una logística impecable, que involucran procesos más complejos de desarrollar. Y que escalan con una dificultad enorme (quede claro que la escalabilidad en economía se acostumbra a referir a la capacidad de un negocio o sistema para crecer en magnitud, un concepto distinto al que yo estoy empleando): cuando preparas la navegación o la información te da igual tener un cliente que un millón. Cuando tienes que dimensionar la logística y el servicio de atención al cliente, la diferencia es gigante.

Navegación e información son factores de higiene (o los tienes y los tienes correctos, o en general sufrirás). Logística y atención al cliente son factores de diferenciación. La principal razón de existencia de una marca es la diferencia. Si no eres diferente, eres uno más; y si eres uno más, serás uno menos para el cliente. En definitiva, si no eres diferente, no existes. Así, aunque hayamos conseguido presentar a nuestro cliente una navegación limpia y clara, con toda la información relevante y actualizada para el producto en el que está interesado, si se produce un encuentro desafortunado con el servicio de atención al cliente, o el producto no llega en la fecha y hora previstas, la experiencia de e-commerce será mala. Logística y atención pesan más que los otros factores para construir una propuesta ganadora para el mercado. La confianza, por último, jugará un papel en todo esto. Tiene sentido: comprar online aún es una cuestión basada en la confianza. Si has encontrado esas zapatillas con las que soñabas correr tu primer triatlón en un *site* eslovaco, y no lo conoces, comprarlas no es tan fácil. Te va a costar mucho, te encontrarás muchos frenos debido a la falta de confianza. Sin ella, no hay navegación e información que valgan. Detrás debe haber una marca en la que confíes. Es una leyenda urbana que en internet íbamos a tener la máxima diversidad a la hora de acceder a toneladas de información y oferta infinita en todo tipo de páginas web. Lo que se está demostrando es que cada vez entramos más veces en menos sitios, que son siempre los mismos. Buscamos marcas que nos sirvan de referentes.

Es un problema que está directamente relacionado con la

inmensidad de internet: nos hemos cansado de buscar, lo que queremos es encontrar.

Por tanto, a la hora de desarrollar nuestra estrategia de e-commerce debemos tener muy claros los objetivos que queremos perseguir y entender que los 4 pasos están relacionados entre ellos: ¿Queremos incrementar la venta online? ¿Queremos hacer venta cruzada y aumentar los ingresos por cliente? ¿Queremos mejorar la eficiencia y la flexibilidad? En cada caso será necesario poner el foco en distintas actividades:

- Si buscamos incrementar los ingresos digitales, tendremos que reforzar nuestro contenido digital (tiene lógica: más información = más ventas, como veremos a continuación).
- Si pretendemos aumentar la venta cruzada y los ingresos por cliente, es fundamental enfocarse en la experiencia de cliente (navegación).
- Si nos interesa mejorar la eficiencia y la flexibilidad, lo conseguiremos a través de la construcción y explotación de plataformas digitales compartidas.

Antes de adentrarnos en el estudio de cada uno de los cuatro pasos imprescindibles del e-commerce (navegación, información, atención al cliente y logística), tengo que advertirte que nada de lo que escribiré a continuación es nuevo. De hecho, todo sobre lo que reflexionaré estoy convencido de que ya lo sabes. Pero la cuestión no es si lo sabes, sino si lo haces. Porque en comercio electrónico la diferencia entre ganadores y perdedores no es si lo sabes, sino si lo pones en práctica.

1. Navegación

Es un sábado por la tarde. Has intentado evitarlo. Has puesto todas las excusas posibles, has probado a autoengañarte de prácticamente todas las maneras conocidas por el ser humano. Pero, finalmente, tomas una decisión aunque a regañadientes: sí, tienes que ir a hacer la compra. Tu frigorífico parece un páramo desértico en el que solo se adivina en lontananza un yogur caducado (desnatado, además) y restos de lo que en su momento fue una paella y ahora se asemeja a un paisaje lunar. Sí, tienes que ir a hacer la compra un sábado por la tarde. Subes en tu Seat y te diriges a tu centro comercial de confianza. Hay suerte, está saliendo un coche en la fila 387; hoy no has aparcado tan lejos. Buscas afanosamente en tu bolsillo una moneda de 1 € para acceder a ese carrito renqueante de la rueda trasera izquierda. Entras en el supermercado y te encuentras… carritos abandonados con productos dentro. Es una plaga, está lleno, es el *The Walking Dead* de los carritos de supermercado. Sigues caminando por los pasillos y continúas viendo carritos y más carritos dejados de la mano de Dios en tu trayecto hacia la caja en la que vas a pagar.

¿Qué pensarías de un súper como este? ¿Es un buen supermercado o un mal supermercado? ¿Cuál sería tu opinión sobre el jefe de ese supermercado?

Pues esta es la norma habitual en comercio electrónico. El abandono de carritos es el pan nuestro de cada día. Y uno de los antídotos más eficaces para esta enfermedad es tener la navegación y la información perfectamente diseñadas.

Según diversas fuentes, recopiladas por la plataforma de análisis Listrak, la tasa de abandono de un carrito de la compra en el comercio electrónico oscila entre el 60 y el 80 %. ¿Significa esto que tres cuartas partes de las compras se pierden? Evidentemente no. El símil del supermercado físico no es del todo comparable con la tienda online, pues muchas veces utilizamos el carrito de la compra por su sencillez, para ir guardando artículos como favoritos, aunque sí que es cierto que en ocasiones estamos interesados en realizar una compra pero la acabamos abandonando justo por culpa de algún motivo achacable a la web.

La navegación tiene que ser buena, sencilla; la información, completa, profunda. Las dos cuestiones combinadas contribuyen a aumentar las ventas online. Y si no lo tienes bien implementado, sencillamente, estás muerto en el mundo digital. No vas a triunfar en el comercio electrónico.

Porque comprar en e-commerce nos genera una serie de ansiedades: no vemos el producto, no tocamos el producto, no nos podemos llevar el producto, no tenemos a quién quejarnos con respecto al producto en un lugar físico. ¿Cómo podemos superar estas barreras? Haciendo muy fácil todo aquello que suponga un obstáculo en el mundo online. Por ejemplo, si tú quieres que un cliente esté tranquilo durante el proceso de compra, no escondas el teléfono de atención al cliente. Hay compañías que no quieren que les llames y que ocultan el teléfono en el último link de una página inaccesible. Se equivocan: colocar el teléfono bien grande genera transacciones. Y para eso está el comercio electrónico, ¿no?

Un ejemplo de empresa que ha mejorado mucho en navegación es Ryanair.

¿Te acuerdas de cómo eran las webs de reservas de vuelos hace unos años? Seguro que no has podido borrar esa imagen de tu mente: esas páginas web con mil opciones, menús, y con *banners* en movimiento por todos lados. Muchas invitaciones a hacer clic («¡Sí, a mí, hazme clic a mí, al otro no!»), formas y colores por todos lados… Un auténtico zoco árabe sin ninguna jerarquía de la información y en la que encontrar el vuelo que querías era una odisea poco recomendable y realmente frustrante. Sin embargo, hoy, la web de Ryanair es un ejemplo de claridad y de simplicidad en el diseño, con un proceso de compra bien estructurado y consistente, tanto como en el offline (porque la experiencia en el avión es muy consistente en esta empresa).

La mejor manera de gestionar la navegación se basa en controlar las expectativas del cliente. Dejar muy claro los pasos que tenemos que dar. Un buen ejemplo en este sentido, a mi juicio, es una de las webs que tuvo Privalia hace un tiempo (y que cosechó algunos premios de diseño), en la que te ayudaba colocándote un GPS (en sentido figurado) para que supieras en todo momento en qué paso estabas del embudo comercial. Paso 1 de 6, selección de producto. Paso 2 de 6, elige talla. Paso 3 de 6, escribe tu dirección… Porque, en general, cuando los clientes acceden al *site* de una empresa con comercio electrónico, a menudo no se les suministran las indicaciones necesarias. Parece que algunas empresas intentan que aprendamos experimentando, por lo que el diseño web debe ser extremadamente intuitivo y fácil de utilizar incluso para personas no demasiado hábiles con los entornos digitales.

Para discutir un ejemplo en sentido contrario, te voy a pedir un pequeño ejercicio. Cierra los ojos, relájate y piensa en la peor experiencia de navegación que hayas sufrido en una web de e-commerce. Una web en la que parecía que todo había sido diseñado por una mente diabólica cuyo principal objetivo era hacerte perder el tiempo, enfadarte y que no fueras capaz de comprar el producto o servicio que deseabas. Si eres como el 99,9 % de las personas a las que se lo he preguntado en mis conferencias, cursos y programas ejecutivos en España durante los últimos años, la respuesta es el programa de puntos de Renfe.

Sí, me estoy refiriendo al sistema de canjeo de puntos de billetes del AVE. A la pregunta «¿Quién se ha atrevido a realizar un canje de puntos a través de la web en renfe.com?», nunca obtenía ninguna respuesta. Un 0 % redondo. Era tarea imposible. Un buen amigo, y compañero de clase en el IESE, trabajó en la NASA antes de estudiar juntos. Tampoco era capaz. Pero un día hice la misma pregunta y 35 personas levantaron la mano. Ese día comprendí que habían cambiado la web.

El ejemplo paradigmático de cómo crear un sistema de navegación estandarizada es Amazon. Puedes comprar un rollo de papel higiénico o una escobilla para el váter de la misma manera que un Rolex o un bolso de Louis Vuitton. La manera de navegar y de proporcionar la información es siempre la misma. El hecho de disponer de fichas con las características del producto actualizadas (normalmente) da mucha tranquilidad al cliente.

2. *Información*

En comercio electrónico existe una máxima: más es más. Más contexto = más inspiración = más ventas. Esto surge de nuevo de una investigación, en este caso de los profesores Andreas B. Eisingerich y Tobias Kretschmer.[21] Si tu objetivo es vender un rotulador de punta fina, no hables del rotulador de punta fina. No cuentes que es plateado, muy ligero y que escribe con tinta negra. Explica lo que el comprador podrá hacer con él: desde dibujar un retrato de su hijo recién nacido, hasta escribir una nueva versión de *Crimen y castigo*, pero muy mejorada.

Theodore Levitt, un famoso profesor de la Harvard Business School de los ochenta y noventa, decía que la gente no compra taladros con brocas de una pulgada, compra agujeros de una pulgada. Compras lo que vas a hacer con el producto que estás comprando. Déjame poner un ejemplo inspirado por Theo: un hotel en el Pirineo catalán. Pequeño, acogedor, muy cerca de una estación de esquí. Entras en su web y encuentras habitaciones (dobles, triples...), el bien surtido minibar, el desayuno buffet... toda la información de servicio. Pero la mayor parte del *site* está ocupada por todo lo que vas a poder hacer en los alrededores si te alojas en el hotel: senderismo, raquetas, lobos por la noche... Te dan contexto para que te inspires y, de esta manera, que te apetezca mucho ir y cierres la venta.

Procter & Gamble, el primer anunciante del mundo, desarrolló un ejemplo fantástico de dar contexto para vender más. Una de las categorías en las que compite en el mercado son los productos para la higiene femenina, por lo que lanzaron una web llamada beinggirl.com, que abordaba todas las cuestiones relevantes de una chica en su tránsito de niña a mujer: dudas más frecuentes, cuestiones relativas al periodo, chats de chicas en este viaje, consultas a expertos, consejos… y entre medio, sí, de forma discreta, algún anuncio de su producto. En la actualidad su proyecto ha evolucionado y ahora es una página con contenidos similares pero con una mayor presencia de la marca que comercializan. En cualquier caso, me sirve para ilustrar la misma idea: el contexto ayuda a crear conexiones con las que acabarás comercializando.

3. Atención al cliente

Buenos días, señor cliente. Encantado de saludarle. ¿Cómo prefiere que le atendamos hoy: con personas, con máquinas o con una combinación de las dos? Esto que parece tan extraño es la práctica habitual de muchas compañías hoy en día a la hora de interactuar con sus consumidores.

En el paso de la atención al cliente, lo interesante es permitirle escoger cómo prefiere que le atendamos. Esto va de sumar canales y no de quitar canales también en atención al cliente. Pero, para ello, tenemos que desarrollar todos los canales. Porque más canales de atención al cliente = más tranquilidad = más ventas. Podemos atender a nuestro cliente de tres maneras:

- *Autogestión*: Crear una sección de Q&A exhaustiva y que el cliente se autogestione buscando en esas preguntas frecuentes.
- *Con robots*: Puedes tener un asistente virtual que reconoce lo que le dices y te responde. Un ejemplo de esto era Anna, de Ikea, una asistente virtual que entendía preguntas básicas como, por ejemplo, «No encuentro la sección de colchones», y ella misma te facilitaba el link de la sección en la

web. Era genial hacerle preguntas ofensivas, porque a veces te entendía y respondía de forma simpática.

- *Con personas*: teléfono, visita física, email, carta, chat…

Me gustaría incidir en un aspecto del servicio de atención al cliente al que no le damos la importancia que merece en el comercio electrónico: las garantías. «Si no queda satisfecho, le devolvemos su dinero.» Este compromiso que, en el mundo offline nos parece La Madre De Todas Las Garantías, ¿por qué no lo adoptamos online? Es incluso más determinante, porque la compra en internet genera el doble de ansiedad y, si queremos conectar con nuestro posible cliente, tenemos que ser el doble de transparentes.

Todo claro, sin letra pequeña. El consumidor tiene que saber claramente lo que puede esperar si sucede algún fallo.

L. L. Bean —una marca americana clásica de ropa para actividades al aire libre— publica de manera rotunda en su web que, si un producto no satisface al 100% al comprador, puede devolverlo en cualquier momento, y ofrece una serie de pasos detallados sobre lo que puede hacer en ese caso: desde cambiarlo por otro producto hasta solicitar que le devuelvan el dinero.

Y, por último, en online también debemos pedir perdón si no lo hacemos bien.

Un cliente disgustado entra en nuestra tienda gritando, quejándose porque el tostador que le has vendido le quema las tostadas hasta carbonizarlas. Tú, ¿qué haces? ¿Intentas calmarle, atenderle y arreglar el problema o te desentiendes de él? En el mundo online, a veces te quedas gritando durante horas, días, semanas… y nadie te hace caso. ¿Queremos dejar así al cliente?

Y perdón siempre rima con compensación. En el mundo offline es más frecuente: parece que la conexión cara a cara te invita a compensar de algún modo la afrenta causada. En online cuesta más, y no entiendo bien por qué.

hasta el color de los ceniceros para que compruebes si te van a hacer juego con tus gafas de sol. Hoy, vas al mismo concesionario, pero sabes con certeza que quieres ese modelo en concreto, en ese color rojo pasión, con ese motor *twin server* 2.8 que da menos caballos que el 2.9 pero que tiene una salida más potente y consume 0,01 litros menos a los 100. El cliente está más informado que el propio vendedor. Trae su propio coche configurado de casa y solo utiliza al vendedor para que le responda a una pregunta: ¿cuánto?

Si ha cambiado tanto la forma de comprar, ¿por qué no cambiamos la forma de vender? ¿Por qué seguimos vendiendo igual que hace 30 años? ¿Por qué un concesionario de automóviles es como un banco, solo que te cruzas con algún coche que está por en medio? ¿Por qué son todos iguales? Según McKinsey,[24] este cambio en la manera de vender está a punto de producirse, para pasar de una total indiferenciación de los concesionarios a una gama de puntos de venta donde van a coexistir formatos absolutamente diferentes.

Se adaptarán en función del punto en el que te encuentres en el proceso de compra y de la experiencia que quieras vivir en ese momento: conocimiento de marca, construcción de marca, experimentar el producto, transaccionar para comprarlo o recibir atención en el servicio de post-venta y accesorios. Tendremos concesiones enfocadas en cada uno de estos puntos: lugares para probar el coche, tiendas urbanas, tiendas online, pop-up stores o, incluso, visitas a domicilio. Estos nuevos formatos cubrirán partes del *customer journey* que hasta ahora estaban en un único lugar: la concesión. Por ejemplo, un centro de pruebas podrá dar servicio a varios concesionarios cercanos, y las tiendas urbanas facilitarán la primera experiencia con el modelo de coche a los consumidores potenciales.

Hemos bajado de 7-8 visitas en la tienda a 1 o 2 a la hora de interesarnos por un vehículo dependiendo de la marca. ¿Las marcas han perdido estos 5-6 contactos con los clientes? No. Los han perdido las concesiones. Pero las marcas seguramente disponen

4. *Logística*

Puntualidad. Precisión. Condición. Devolución. Si dominamos estos cuatro aspectos, seremos los Masters de la Logística.[22]

«Puntualidad» significa que entregas a la hora que has quedado, en el lugar acordado. Muchos de nosotros llevamos en nuestro ADN que vamos muy justos de tiempo para todo, y por ello estamos dispuestos a pagar precios premium para que nos entreguen nuestra compra en una franja horaria determinada. Si queremos enfadar a nuestros compradores online, no hay nada mejor que hacerles esperar, tenerles toda la tarde en casa aguardando la ansiada tele que han comprado en www.teles.com y no aparecer, ni pedir disculpas. Esto no solo aumenta la ansiedad inherente a la compra online, sino que, al crecer la frustración con cada hora de retraso, la posibilidad de desplegar tu enfado en las redes sociales se hace más real. Las empresas online que entregan con puntualidad son las más valoradas por sus clientes.

«Precisión» quiere decir que, si has pedido un determinado tipo de reloj con una esfera de titanio y con una correa azul cobalto, te tiene que llegar ese modelo de reloj con la esfera y la correa que habías elegido, y no otro. Parece lógico, pero el no ser preciso en la entrega de los envíos genera una gran frustración. El cliente se molesta al ver que lo recibido no es lo que había pedido y el enfado aumenta cuando se da cuenta de que tendrá que perder el tiempo, que para él es tan precioso, en batallar con un servicio de atención post-venta. ¿De verdad era tan complicado enviarme el reloj que había comprado?

«Condición» implica que el producto llegue como esperaría el cliente. Esto es especialmente relevante en la categoría de frescos, donde tú seleccionas la fruta que te interesa pero no la ves ni la tocas hasta que llega a tu cocina, y esperas que los albaricoques no estén pasados, chafados o picados. Pero es aplicable a cualquier tipo de envío: también esperamos que el reloj no llegue con la esfera rayada.

La «devolución» es un reto para las organizaciones. Un estudio demuestra que cada artículo retornado cuesta entre 6 y 18 dólares a los vendedores online, sin contar las pérdidas de los artículos que se devuelven en unas condiciones en las que luego no se pueden volver a poner a la venta.

Christian Schulze, profesor de la Frankfurt School of Finance and Management, descubrió, al investigar 5,9 millones de transacciones de 170.000 consumidores online alemanes en un famoso *retailer* europeo, la existencia de unos personajes peligrosísimos: los «devolvedores» en serie. Un 5% de los compradores devolvían más del 80% de los artículos que habían comprado. Y el 1%, el 90%. Sin el coste de las devoluciones de los devolvedores en serie, el *retailer* habría aumentado casi en un 50% sus beneficios en el canal online. Peligrosísimos. ¿Qué hacer con ellos? ¿Aplicamos el derecho de admisión para esos clientes?

Charlando con un emprendedor que creó un vivero de empresas, me contó que una de ellas se orientó hacia la venta online de obras de arte. Evidentemente no estamos hablando de cuadros por los que se pudiera interesar la baronesa Thyssen, sino por esas nuevas ideas que surgen de las mentes inquietas de los artistas emergentes. Ellos vendían un ticket medio por cuadro de unos 200-250 €, con un coste medio por envío de 5 €. Y quizá me odiarás cuando leas esto (de hecho, me estoy odiando yo mismo por escribirlo), pero a los ojos del dueño de una empresa de venta de arte online, un cuadro es puro margen (un trozo de tela con unos brochazos, pensará la mente de un avaro). Y si es puro margen, ¿por qué no probamos a quitar los gastos de envío? Dicho y hecho: sin separar los gastos de envío en el precio de venta, las ventas aumentaron un 40%. El poder de la logística.

Además, si ofreces diferentes compañías de transporte y, al menos, una de ellas es reconocida, el ratio de conversión mejora.[23]

3

El *retail* ha muerto, viva el *retail*

A estas alturas, hablar de comercio electrónico o hablar de transformación digital cada vez más resulta antiguo. Es la típica situación en la que quieres hacer ver que eres moderno e intentas transmitir conceptos que has escuchado en una conferencia o leído en un blog, pero ya no lo eres. Hoy deberíamos hablar de cómo conectar con el cliente en las condiciones que se dan hoy en día y en las que vendrán. Porque la consecuencia de esta conexión es que le venderemos más.

Y lo más curioso es que, para ser moderno y estar a la vanguardia de las últimas tendencias en marketing y ventas, tenemos que hablar de lo de siempre: entender al cliente y saber cómo se comporta.

El cambio que se está produciendo en nuestros clientes avanza a un ritmo exponencial. ¿En cuántas ocasiones visitábamos un concesionario antes de comprarnos el Renault Fuego que se nos ha colocado entre ceja y ceja? Entre siete y ocho veces. ¿Cuántas veces lo hacemos ahora? Según un estudio de Nissan, unas 1,4. ¿Te acuerdas? Entrábamos en un concesionario para que nos explicaran cómo era el coche de nuestros sueños, para que nos lo corroboraran en vivo y en directo, sin utilizar esas apps que te car

de más contactos con sus clientes de los que tenían anteriormente (has visto reseñas del coche en webs especializadas, lo has configurado un par de veces en el *site* de la marca, has comprado una revista en la que publicaban una prueba a fondo, sigues a la marca en redes sociales para ver si encuentras alguna novedad/oferta…). Lo único que ha cambiado es la manera en la que utilizamos esos contactos.

Esta situación exige que tengamos que cambiar la forma como vendemos un coche. Un ejemplo: piensa en una empresa de automoción alemana cuyo logotipo lo componen cuatro aros enlazados. Estuve visitando una concesión que tienen en Londres, en el barrio de Mayfair, justo enfrente del Ritz. Era un concesionario totalmente normal, hasta hace poco tiempo. Creo que exhibían unos 10 vehículos. Ahora solo tienen 1 o 2. El resto es tecnología. Una nueva experiencia a la hora de interactuar con la marca: puedes seleccionar el modelo que quieres comprar, ver el motor por dentro, escuchar su ruido, comprobar cómo es el maletero, casi a tamaño real, porque las pantallas te envuelven. Entro, y me fijo en un coche de gama alta y de perfil deportivo: justo el tipo de automóvil que nunca me compraré. Una amable señorita se me acerca y me pregunta:

—¿Le gusta el coche?

—Me gusta muchísimo.

—¿Qué tipo de coches le gustan?

—Me entusiasman los que me permiten una conducción más deportiva, pero el diseño innovador también me importa mucho…

La señorita anotaba en un iPad todas mis respuestas. Pero no me hacía sentir como si me estuviera sometiendo a un tercer grado de venta directa. Se trataba, más bien, de la conversación que mantienes con una amiga sobre tus gustos y preferencias. Después de un rato, le pregunté:

—Perdona, si estuviera interesado en comprarlo, ¿qué tipo de financiación ofrecéis?

—Lo siento, yo no soy vendedora. Soy asistente de compras. Si quieres hablar con un vendedor, tienes que ir al piso de abajo.

En el piso de abajo, efectivamente, me esperaba un caballero con un parche en el ojo izquierdo, una pata de palo, un loro multicolor sobre el hombro y un garfio, preparado para darme el hachazo. Un auténtico vendedor. Hasta entonces, nadie me había intentado vender nada. Solo me conducían hacia la venta. Es un modelo muy interesante, que les ha dado buenos resultados.

Vaciaron la tienda de coches (de 10 a 1), la llenaron de tecnología y doblaron las ventas.

MÁS INNOVACIÓN + MÁS TECNOLOGÍA = MEJOR CONEXIÓN CON EL CLIENTE = MÁS VENTAS

Esta experiencia en Mayfair ilustra que, hoy en día, es irrelevante preguntarse qué es offline y qué es online. Pensemos en la experiencia que queremos darle al consumidor, cómo relacionarnos con él. Y, a partir de aquí, veamos qué queremos tener con tecnología, qué podemos tener con tecnología, y qué no. Dónde aportamos valor y dónde no. En definitiva, dónde somos capaces de construir algo mejor para el cliente.

Recapitulemos entonces sobre ciertas ideas que hemos ido desarrollando en el libro, para poder construir sobre estos conceptos en las páginas siguientes:

LOS 10 IMPRESCINDIBLES PARA CONECTAR CON LOS CLIENTES

1. El gran reto va de integrar canales, no va de separarlos.
2. No hay diferencia entre comercio online y offline, la línea desaparece.

3. No va de quitar canales, sino de sumar.

4. No es lo mismo ser multicanal que omnicanal.

5. Concepto experiencia *seamless*, sin costuras.

6. Dos nuevas estrategias: hiperservicio y servificación.

7. *Client first*: la tecnología es lo último en lo que hay que pensar, lo primero es el cliente.

8. Dos elementos obligatorios para «ayer»: *Click & Collect* + inventario en tiempo real... e informar de ello al cliente por tienda (si tienes tiendas).

9. El mundo es offline: pasamos el 60 % del tiempo de compra en tienda, y el valor de compra offline supone el 90 % del total. Por tanto, arregla primero tu mundo físico y te irá mejor en el corto plazo.

10. Navegación, información, atención al cliente y logística: los 4 pasos del comercio electrónico que tienes que dominar.

Me encantaría ser Rappel y poder predecir el futuro mirando los posos de una taza de Nescafé, pero, lamentablemente, no tengo esa habilidad. Solo puedo afirmar, para hacernos una idea del entorno que tenemos y del que nos viene, que:

- El *retail* crece y el e-commerce crece mucho más.
- Hay mercados extraordinariamente importantes en el crecimiento del comercio electrónico: China, India, Estados Unidos...
- El m-commerce ha despegado, es una realidad y significa un tercio del mercado de e-commerce en Alemania, Reino Unido y Francia.

Todo esto es lo que viene. ¿Estamos preparados?

Para estar preparados para lo que viene, deberíamos en primer lugar responder cuestiones básicas como ¿qué es una tienda? y ¿qué es *shopping time*? Tras ello es imprescindible detenerse en las actitudes y las aptitudes necesarias para afrontar la integración del mundo on con el mundo off. A continuación, me gustaría responder algunas cuestiones relativas a la categoría que ha marcado la pauta a decenas de industrias con su capacidad para vender sus productos, el gran consumo. Después querría abordar qué hacemos con Amazon. Por último, me gustaría responder algunas preguntas de candente actualidad en relación con el comercio móvil. Comencemos.

¿Qué es una tienda?

Realmente no sé lo que es una tienda, pero sé lo que no es. No sé cuál es la tienda del futuro, pero sé qué tiendas van a morir.

La tienda del futuro no es ni física, ni online, ni todo lo contrario. Es tu tienda. Con su lado físico y su lado online, dependiendo de lo que te interese, siempre considerando que lo físico continúa teniendo mucha más importancia. Pero, como el niño de *El sexto sentido*, me temo que «en ocasiones, veo muertos». Muchos. Por ejemplo, un estudio que partía de datos de una asociación británica de comercios, y que analizó los cierres de tiendas en Reino Unido entre 2007 y 2015, encontró un par de picos en los cierres, concretamente en 2008 y en 2012 (la crisis ha hecho estragos). En datos estamos hablando de 300 empresas afectadas, que habían tenido que cerrar casi 30.000 tiendas, y había afectado a cerca de 300.000 empleos. En órdenes de magnitud: de promedio, cada empresa afectada por cierres tenía que clausurar 100 tiendas, y cada tienda que bajaba la persiana llevaba al paro a 10 personas.

Tenemos tendencia a pensar que las tiendas pequeñas y medianas son las que más sufren, pero también los grandes lo están pasando realmente mal. Un día, Macy's decidió cerrar 100 tiendas y su valor en bolsa subió un 17%. La razón es que los analistas piensan que es positivo cerrar metros cuadrados de venta al público, lo que tiene cierto sentido porque, si desarrollas tu actividad omnicanal, no son imprescindibles tantas tiendas.

Un estudio de Green Street Advisors se atreve a aventurar el número de tiendas que tendrían que cerrar los grandes almacenes estadounidenses para volver a conseguir la rentabilidad por metro cuadrado que alcanzaban en 2006. Por ejemplo, Sears debería vender todas sus tiendas para ser rentable, con lo que habríamos conseguido la cuadratura del círculo: la primera tienda sin tiendas de la historia del comercio. Esta predicción se hizo a mediados de 2016 y se quedó corta pues, dos años y medio más tarde, Sears anunció su cierre.

PORCENTAJE DE CIERRES DE TIENDAS QUE HACEN FALTA PARA CONSEGUIR VENTAS DE 2006 POR M²

Número de cierres de tienda

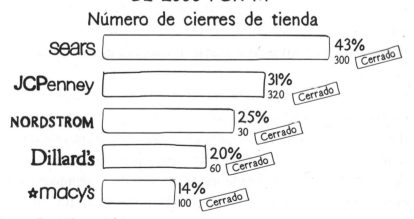

Fuente: Green Street Advisors.

Las tiendas sufren un cambio de era en el modelo de cómo llegar al cliente. Sufre la tienda de la esquina, sufre el almacén que está en un polígono industrial perdido de la mano de Dios, sufren los grandes almacenes. Sufre hasta El Corte Inglés, inmerso en un complicado proceso accionarial, de estructura de capital, de *market share*, de propuesta de valor, de integración del comercio electrónico... Sufren todos.

De hecho, los grandes formatos son los que más están en entredicho: el concepto de las grandes tiendas está perdiendo cuota, en beneficio de Amazon y otras tiendas online o especializadas (que pueden ofrecer una selección más amplia). Además, sus herramientas digitales hacen que sea más fácil navegar por su sitio.

Es cierto que las nuevas generaciones no están ayudando en exceso: es un hecho que los *millenials* gastan menos en bienes y más en experiencias. Según el informe «American Lifestyle 2015», desarrollado por Mintel, se estima que el crecimiento del gasto vendrá en las categorías de vacaciones, cenas fuera de casa y otras categorías experienciales. Si las grandes superficies no quieren convertirse en enormes cajas vacías (o almacenes fantasma), necesitan cambiar su propuesta de valor, y aprovechar su escala para ofrecer lo que las tiendas online y las tiendas especializadas no pueden ofrecer: grandes experiencias o grandes descuentos. O ambos, a ser posible.

Las grandes superficies están a tiempo de cambiar y pasar de ser sitios donde se almacenan y venden productos, a convertirse en lugares que generen una experiencia inmersiva, memorable y digna de compartir (en nuestras redes sociales, o a nuestros allegados, como toda la vida). Es posible que esta transformación requiera una inversión significativa, pero da la oportunidad de generar más tráfico sostenido a las tiendas, mayor diferenciación de marca y mayor atractivo.

También surgirán nuevas ideas como las *dark stores*: unas tiendas outlet o centros de distribución que funcionan exclusivamente para ventas online. Suele tratarse de almacenes grandes que se usan como base de *Click & Collect* o plataforma de gestión y entrega de compras online. Su interior podría parecerse bastante a una tienda normal, pero al no estar abiertos al público pueden ser más «cutres», con menos cartelería y publicidad interior. No están situados en calles principales o centros comerciales, sino en sitios con fácil accesibilidad, o nudos de tráfico.

El primer concepto lo creó Sainsbury's en Londres, a inicios de los 2000, pero cerraron sus puertas debido a la falta de volumen (el momento de lanzarse al mercado es clave; era una buena idea, pero era pronto para que sobreviviera). El término de *dark store* aparece como tal por primera vez en 2009 al abrir Tesco en Croydon, un suburbio al sur de Londres.

¿Su modelo de funcionamiento? En los menos modernos, unos dependientes llamados *pickers* van con un carrito y una tablet, recogiendo los productos de la lista de la compra que ha efectuado el cliente online. Los más modernos, como el Tesco de Erith, ya cuentan con un elevado grado de automatización, y los productos llegan a los *pickers* mediante cintas transportadoras.

Quizá las *dark stores* sean una buena idea para nuestro megalíder de la distribución, Mercadona. Mercadona nunca había apostado por el comercio electrónico. Juan Roig, en marzo de 2016, lo tenía clarísimo: «Perdemos entre 30 y 40 millones de euros al año; veo muy difícil hacer comercio electrónico. Creemos mucho en la realidad digital, estamos convencidos de que la informática es muy buena, pero hay cosas que hasta hoy no hemos sabido hacer rentables. Nuestra gran preocupación es el 99% del proceso físico, que hoy en día sigue siendo nuestro foco».

Más allá de la belleza poética de afirmar, en pleno 2016, que «la informática es muy buena», hay que tener en cuenta que Mercadona vende unos 23.000 millones de euros y el comercio electrónico solo supone un 1% de estas ventas (en línea con el resto del sector). No me extraña que un año después tomara cartas en el asunto de una manera radical: «Nuestra página web es una mierda. Lo dicen los clientes, lo dicen los empleados y lo digo yo».

Un equipo de 17 personas expertas en ingeniería, producto y diseño, dirigido por Juana Roig (hija de Juan), se está enfrentando a la ardua tarea de darle la vuelta a esta situación y subirse al carrito de la compra online. Seguro que harán una propuesta potente al mercado porque Mercadona es una empresa fuerte. Por el momento ya han lanzado una web piloto, precisamente en Valencia, que tiene una pinta formidable.

Y mientras unos se preguntan cómo hacerlo, otros… están ahí ya. Fíjate en la clasificación de los mayores vendedores online en Estados Unidos:

LOS 10 MAYORES VENDEDORES DE E-COMMERCE EN ESTADOS UNIDOS EN 2015 (por volumen de ventas)	
Amazon	Web, empezó con libros y actualmente vende todo tipo de productos.
Wallmart	Tienda física gigantesca, con absolutamente todo tipo de productos.
Apple	Productos electrónicos (ordenadores, móviles, *software*, apps, música).
Staples	Tienda de suministros de oficina (material, tecnología).
Macy's	Grandes almacenes (moda, hogar, supermercado, electrodomésticos, etc.).
The Home Depot	Herramientas y maquinaria para bricolaje, jardín, decoración, etc.
Best Buy	Productos electrónicos diversos, incluyendo ordenadores y móviles.
QVC	Red de venta de productos para el hogar (moda, electrodomésticos, joyería, jardín, etc.).

Costco	Club de compradores para precios de mayorista.
Nordstrom	Grandes almacenes, inicialmente de calzado pero actualmente de todo tipo de moda, cosméticos, hogar, etc.

Fuente: eMarketer.

¿No notas nada? ¿Cuál es la característica que los une? ¿En qué se parecen? Efectivamente, todos menos Apple son *retailers*. Solo un fabricante y todo lo demás, distribuidores. Fíjate que uno solo es un *e-tailer*, Amazon.

El resto, por cierto, son los de toda la vida, lo que para mí resulta interesante (un poco más abajo explico por qué).

No es de extrañar que, en la investigación que realizamos junto con el profesor Capizzani, al preguntar a *pure online players* como aerolíneas (de bajo coste, con una enorme penetración online en sus ventas), outlets virtuales o agencias de viaje online por sus referentes en omnicanalidad, en quién se fijan para aprender a conectar con sus clientes, los nombres de *fashion retailers* como Mango, Zara o H&M eran los más mencionados. Ellos dominan la omnicanalidad. Si quieres desarrollar propuestas ganadoras, estudia a fondo sus propuestas, entendiendo que su escala no es la tuya.

Entonces ¿vendo directo o no vendo directo? Parece que vender directo no tiene sentido. Si tomamos como ejemplo una categoría extraordinariamente penetrada por online como la cosmética femenina —cuando las mujeres encuentran una base de maquillaje que les funciona, la compra es muy repetitiva aunque integren nuevos productos para «experimentar» nuevos looks— y en un mercado tan asentado como el estadounidense, los 9 primeros lugares del ranking están copados por *retailers* de toda clase y condición. En el puesto 10 aparece la primera marca con venta directa, Avon.

PREFERENCIA ONLINE POR LOS PRODUCTOS DE BELLEZA Y CUIDADO PERSONAL
Encuesta a consumidores, mayo de 2014

Fuente: A. T. Kearney.

En definitiva, la mayoría de las marcas (especialmente si son de gran consumo) siguen necesitando al *retail* para llegar al mercado, porque no vamos a ir comprando cada producto de la cesta de la compra en una web distinta. Los clientes queremos consolidadores de oferta (con extensión y profundidad de gama) que nos hagan la vida más sencilla. Si no, que se lo pregunten a Amazon.

Así que llevamos los últimos diez años insistiendo a las marcas en que hay que construir canales directos de relación con el cliente y nos vamos a pasar los próximos diez diciendo que hay que volver a construir buenas relaciones con los *retailers* que, a su vez, las construyen con los clientes que les compran.

Otro aspecto que es tendencia es la reducción del número de tiendas que encontramos en las calles. Varias investigaciones de los últimos años —y los resultados de negocio— parecen sugerir que el hipermercado, la megatienda, forma parte del presente, pero cada vez más, del pasado. Nos interesan formatos más pequeños, más cercanos y que nos ayuden a entrar en contacto con el cliente dándole la opción de elegir. Como repetiremos numerosas veces a lo largo de este libro, se trata de ajustarnos a los formatos que quiere el cliente, y no de forzar al cliente a acudir a los canales que queremos en la empresa.

Como explica Patrick Dodd, presidente de Global Retailer Vertical en Nielsen: «Por todo el mundo se observa cómo crece el comercio de proximidad. Para el comprador global, las tiendas pequeñas y simples son ahora "bonitas". Aunque la gran tienda crece ligeramente, el gran ganador son los minimercados, los súper pequeños, colmados, etc.».

Aun siendo cierto que el 51 % de las ventas se continúan produciendo en los grandes súper e hipermercados, los formatos pequeños, tipo tienda de conveniencia, droguería, el ultramarinos de toda la vida… están creciendo el doble o el triple de rápido que sus enormes competidores, según diversos estudios.[25]

El nuevo CEO de Carrefour, por ejemplo, ha declarado que se acabó la apertura de hipermercados a gran escala. Buscarán mucho más el negocio *en convenience* y en pequeño tamaño (por ejemplo, para 2018 han anunciado en España la apertura de 5 híper, contra 140 a 155 supermercados de menor tamaño, especialmente en el centro de las ciudades, además de ser puntos de venta más inteligentes y pensados para el e-commerce). Parece, por tanto, que los carros superllenos con tickets de compra de 300 € no van a volver.

Los *retailers* que tradicionalmente se colocaban fuera de la ciudad con grandes superficies comerciales, como Ikea y Decathlon, están abriendo *mini-stores*, puntos de venta en plena ciudad. Decathlon ya tiene más de 20 en barrios de ciudades de tamaño medio en España. Ikea está comenzando a combinar la venta en la supertienda de las afueras con pequeñas boutiques en el centro (están desarrollando pruebas piloto en varios mercados). No es de extrañar, cuando el ticket medio de compra en Ikea es relativamente bajo (calculo que debe de estar en torno a los 35 o 40 €).

Realmente, vamos a Ikea a comprar dos manteles, unos vasos y un bonsái. ¿Para ello debemos desplazarnos a 16 km desde donde vivimos, justo esos 16 km que implican tener que coger el coche y chuparnos un atasco de aúpa?

¿Qué es el *shopping time*? La nueva fórmula del *retail*

Este cambio en las costumbres de compra nos lleva a formularnos la siguiente pregunta básica: ¿qué es el *shopping time*? Porque si respondemos a esta pregunta teniendo en cuenta las coordenadas actuales, podremos descubrir claves para aproximarnos a nuestros clientes.

Déjame responder utilizando un ejemplo vivido en primera persona. Hace poco tiempo, en casa, sufrimos el típico accidente doméstico: se nos estropeó el microondas. Un drama para el desayuno, sin duda alguna, pero un problema subsanable de forma muy sencilla con la compra de uno nuevo. Tarea que asumí en modo del todo heroico, consciente de mi mejorable involucración en los asuntos de casa. ¿Dónde voy a comprar el microondas, que ha de ser el modelo exacto que se rompió, para que encaje al milímetro en el hueco de encima del horno? Mi proceso mental de ejecución de estas labores pasa por un primer estadio consistente en pensar: «Voy a El Corte Inglés o a un Mediamarkt a ver si lo tienen», pero enseguida se adueña de mi inconsciente el ser digital que hay en mí y pienso: «A ver, hombre de Dios, si metes la referencia del producto en Google, te saldrá dónde lo tienen. E incluso lo compras online y te ahorras el viaje». Estaba en el finger del avión que me llevaba a una conferencia en Frankfurt, entré en Amazon y problema resuelto.

Es una anécdota muy simple, pero me dio que pensar. Para responder a la pregunta de qué es el *shopping time*, vale la pena dar un paso atrás. Históricamente siempre se ha hablado de la existencia de tres fases típicas en el mundo de la compra:

1. El cliente tiene una necesidad.
2. La tienda satisface esa necesidad.
3. El usuario consume/utiliza el producto.

Necesito zapatos. Compro zapatos. Calzo zapatos.

El vocabulario del *retail* refleja este modelo, donde la tienda es el componente central de la batalla: viajes a la tienda, ir de compras a la tienda, listas de compra para la tienda... Lo que sucede es que, para dominar hoy en el *retail*, debes entender que ya no hay una etapa de compras claramente definida. El modelo cambia a medida que las tecnologías permiten a la gente acercar la compra del producto a la primera percepción que tienen de él (ahora, si ves algo que te gusta, es más fácil comprarlo ya mismo, por ejemplo, entrando a través de tu móvil u ordenador en un e-commerce).

La compra, como actividad «discreta» que realizamos en un lugar y momento específico, pasa a un segundo plano. Ahora la transacción se convierte en una actividad «ambiental», que se ejecuta en cualquier lado (en casa, en la calle, en el trabajo, en momentos de ocio) y en cualquier momento del día. No paramos de comprar. Sociedad de consumo elevado a infinito.

Este tremendo cambio de paradigma en las compras se manifiesta de tres formas:

- *Compra instantánea*: Quiero algo, lo compro por Amazon Prime, lo tengo en un momento.
- *Compra automatizada*: Como el botón Amazon Dash, o las lavadoras Whirlpool que piden detergente de forma automática (yo no hago nada, lo hace el cacharro por mí).

- *Compra por suscripción*: Cada vez en más categorías: música (Spotify), vídeo (Netflix), transporte (Car2Go), ropa interior (MeUndies), entrega de comida a domicilio (Delivery Hero), comestibles (Blue Apron), noticias (Blendle), maquinillas de afeitar (Dollar Shave Club), te permiten comprar con independencia del nivel de consumo.

Y estos tres modelos se suman a un cuarto que es el de siempre, el de toda la vida: la compra física. En el futuro del *retail* no vamos a dejar de comprar nunca. Da un poco de miedo. Ya no compramos cuando vamos a comprar, estamos comprando en todo momento. La compra se ha convertido en algo ambiental.

En este contexto, parece claro que van a triunfar los que entienden bien que, para que nos compren todo el rato, debemos situarnos en la intersección entre lo físico y lo online. Entre crear valor y capturar valor. Antes, comprar era una actividad discreta y todo giraba en torno a la tienda. Ahora es una actividad ambiental y todo gira en torno al cliente. Los ganadores serán los que entiendan que el cliente se aproxima a la compra de una forma mixta, borrosa, diría yo, entre lo que es on y off. La intersección entre lo físico y lo online gana un protagonismo salvaje. Esta intersección consiste en dar control a los consumidores, no obligarles. Porque los compradores no somos ni on ni off ni todo lo contrario. La tecnología juega un papel clave, ya que permite que el cliente decida cómo, cuándo y dónde.

FÍSICO + ONLINE = COMBINACIÓN GANADORA EN LA INTERSECCIÓN

Teniendo en cuenta este carácter ambiental de la compra, si queremos conectar con nuestros clientes de hoy y de mañana, resulta imprescindible enterrar la «e» de e-commerce. Pensar que no hay comercio electrónico como tal. No existe. Solo existe el COMERCIO (no hablamos de tienda-commerce o de radio-commerce). Porque debemos acostumbrarnos a pensar en función de los clientes y sus necesidades. Nunca sobre los canales. Donde los ejecutivos hablamos de canales, los clientes ven barreras.

El fuerte desarrollo de la «compra ambiental» está provocando que crezca el entusiasmo por el marketing en los canales digitales y su interacción entre ellos respecto a los consumidores. Algunas marcas tienen un enorme interés (como el *retail*) en desarrollar propuestas omnicanal, pero para ello deben apoyarse en su red de distribución (en aquellos casos en los que no sea su propia tienda), es decir, los *retailers*. Y como consecuencia de ello, para las marcas surgen dudas y brechas cuando los *touchpoints* caen fuera de su control. Es decir, si fabrico productos y los tengo que integrar en una tienda multimarca, me encuentro con que estas tiendas tienen muchas dificultades para presentar todas las propuestas omnicanal de las diversas empresas con las que colaboran: simplemente no caben o son muy complejas de integrar, o las tiendas quieren desarrollar las suyas y no las que las marcas que venden les plantean. Foot Locker, por ejemplo, tiene Adidas, Nike, New Balance, Asics, Puma… multitud de marcas que cuentan, cada una, con su propuesta omnicanal (y no coincidentes).

Así que el primer problema para un *retailer* al llevar a la práctica esta mítica combinación ganadora entre lo físico y lo online es la dificultad de la integración entre marca y distribuidor. Las marcas dicen que sus distribuidores lo hacen más o menos bien solo en un 38,2%, según una encuesta[26] a casi 200 *senior marketing leaders* que venden en tienda física. El resto lo hacen mal (dicen estos ejecutivos). (Véase el siguiente gráfico.)

¿CÓMO SON DE COOPERATIVOS SUS SOCIOS LOCALES DE *RETAIL* EN CUANTO A ADOPTAR E IMPLANTAR CAMPAÑAS Y MENSAJES DE MARKETING ACORDES A LA MARCA?

7,3% Completamente alineados y ejecutados a la perfección: nuestros socios están completamente alineados con nuestra marca

30,9% Alineados en gran parte y bien ejecutados por todos los implicados: nuestros socios se están entregando en la mayoría de los mensajes y campañas clave

48,0% Por los pelos: el alineamiento y coherencia de la experiencia en general varían ampliamente según el socio y el canal de ejecución

9,8% No bien alineados: falta de experiencia, mensajes y campañas

4,0% Totalmente desconectados: luchamos por alinear nuestros mensajes de marca y campañas de marketing digital con el esfuerzo de nuestros socios locales

Fuente: CMO Council y Netsertive.

El segundo problema es que, según otro estudio, el 60 % de los *retailers* afirman[27] que lo que les impide avanzar es su infraestructura tecnológica existente. Claro, ellos dicen que tienen un 131 Supermirafiori con el que no pueden ganar el París-Dakar. Puedes cambiar piezas, colocar un motor nuevo… pero seguirás teniendo un coche de 30 años, o de 10 o de 15. Reciclar sistemas tecnológicos existentes es un gran freno.

Pero los problemas no acaban aquí. El estudio citado en el párrafo anterior, y en el que participaron más de 300 empresas en todo el mundo, encontró que la mayor barrera para la adopción de estrategias de fusión entre físico y digital no es el escepticismo sobre la promesa de resultados, sino la inexperiencia en su ejecución. Es decir, a los problemas de tecnología e integración se les suma un problema de ejecución. Todos ven que es útil pero no saben cómo llevarlo a cabo. ¿Un panorama sombrío para las marcas y los *retailers*? No para una empresa como Nike.

ACTITUD Y APTITUD PARA LA INTEGRACIÓN

Nike, en su tienda de los Campos Elíseos, ha superado estos problemas de una forma sencilla y que podría interesar a sus *retailers* habituales.

¿Cómo? Colocas las zapatillas que te gustan en un expositor y, mediante un sistema de *video mapping*, la zapatilla se transforma en el diseño que tú quieras. Phygital, la fusión de lo físico y lo digital, es como están funcionando las tiendas que van por delante.

¿Cómo comprábamos zapatillas de deporte antes? Íbamos a la calle de las tiendas de zapatillas y entrábamos en una. Nos la probábamos. No nos convencía. Veíamos un póster de una que nos gustaba. No la tenían. Nos íbamos a otra tienda. Y así hasta que acertábamos. Nike lo simplifica todo gracias a su modelo phygital de integración de la tecnología en la tienda física: vas a una tienda, te pruebas la zapatilla y allí mismo ves cómo queda la personalización, a partir de un catálogo enorme.

Los que van a ganar las propuestas de contacto con los clientes son los que unirán la marca más la experiencia *end to end*, que acabará conformando el valor para el cliente.

MARCA + EXPERIENCIA *END TO END* = VALOR PARA EL CLIENTE

Esta es la ecuación del *retail* del siglo XXI.

Con cada interacción, los consumidores eligen qué *retailers* apoyan: no solo con el dinero, también con su tiempo, con su atención, con sus datos personales y su capital social (lo que le cuentan a su entorno). Los clientes «pagamos» al *retail* no solo con compras. Como resultado, los clientes se están pasando a los *retailers* y a las marcas que no solo venden los productos que quieren, sino también que ofrecen la experiencia *end to end* que desean.

La marca es, y seguirá siendo, superrelevante a la hora de comprar un producto. Las marcas pequeñas y sin recursos crecen con mucha dificultad; solo a las que les sobra talento y se inventan una idea de negocio inexplorada (por ejemplo, Dollar Shave Club) tienen opciones de triunfar. Lo que ha demostrado internet es que las marcas cada vez pesan más. Porque al no tener un producto delante, te fías mucho más de la marca.

Pero si esa marca tan maravillosa te exige un esfuerzo descomunal para comprarla, la descartas y la cambias por otra.

Por eso el ejemplo de Nike en los Campos Elíseos es tan ilustrativo: marca poderosa + experiencia de compra excepcional = no puedo evitar comprarme esas zapatillas. Pero deberán estar ambos elementos de la ecuación para poder capturar al cliente.

Como decía más arriba, la integración y la tecnología son problemas de ejecución. Al hilo de este tema, unos investigadores publicaron en la *Harvard Bussines Review* (HBR) el resultado de un trabajo que habían realizado analizando los líderes de 20 industrias globales. Han identificado tres reglas que marcan la diferencia entre éxito y fracaso a la hora de afrontar estos problemas de integración y tecnología. Algunos de sus hallazgos son de sentido común, pero, como en tantas ocasiones, no se practican habitualmente. Lo que recomiendan son tres ideas:

1. Monta tu estrategia sobre la fusión digital y físico. Puede ser tu diferencia competitiva.
2. La separación en la organización es solo un paso interno. Prepara la estructura de tu empresa.

3. Crea tu equipo de liderazgo experto en digital que incluya al CEO.

Yo prefiero ordenarlo por cuestiones relativas a actitud y a aptitud:

- *Actitud*: Visión del CEO y estructura.
- *Aptitud*: Estrategia para la fusión phygital. Solucionar los problemas de integración y tecnología.

Actitud: visión

Lo primero es tener actitud. No hay que pensar en integración, luego en tecnología, y después tener una visión. Es completamente al revés: la integración y la tecnología son meras herramientas al servicio de la visión. Es necesario crear tu equipo de liderazgo digital que incluya al CEO de la empresa.

«Cuanto más rápido avanzamos, mirar hacia atrás se convierte en algo más crítico», afirma Angela Ahrendts, CEO de Burberry entre 2006 y 2014. Y añade:

> No olvidar jamás quiénes somos, ni de dónde venimos. Ni qué es lo que ha convertido a nuestra marca de lujo en la gran marca global que es hoy en día.
>
> Dirijo esta empresa junto a Christopher Bailey, nuestro Director Creativo. Juntos tuvimos una visión: ser la primera empresa que fuera totalmente digital de extremo a extremo. Nos hemos aliado con toda la empresa para implementar esta visión. La experiencia debería ser que el cliente tenga acceso total a Burberry desde cualquier dispositivo, en cualquier lugar, y que reciba exactamente las mismas sensaciones sobre la marca y nuestra cultura, sin importar dónde, cuándo o cómo acceda a la marca.

Ahora mismo, cualquier persona puede venir al mundo Burberry y entender el viaje y la misión que tenemos. A cualquier CEO que sea escéptico, le diría: tienes que hacerlo. […] Tienes que estar totalmente conectado con todo aquel que tenga contacto con tu marca. Si no lo haces… entonces no sé qué modelo de negocio vas a tener dentro de cinco años.

Hay que tener una visión digital. Y cuesta mucho, porque como ya he explicado en páginas precedentes, son necesarias grandes dosis de valor y de coraje. La visión digital te va a poner encima de la mesa un objetivo a perseguir, y la tecnología estará al servicio de la consecución de ese objetivo. Un ejemplo muy trivial: tengo la visión de descansar. El objetivo es irme a la playa el fin de semana con los seis que somos de familia. La tecnología a mi disposición para emprender ese viaje puede ser un Renault Espace, un Fiat 500 o un Ferrari: deberé seleccionar aquella que me venga mejor para cumplir el objetivo generado por mi visión y probablemente por tanto, es mejor opción un Renault Espace porque cabemos todos.

Actitud: estructura

Después de tener la visión, como ejecutivo se hace necesario pensar cómo vas a desarrollar tu actividad digital en términos de la estructura que debe apoyar esta integración. Por ello, ¿creo un equipo separado del resto o lo integro en mis equipos actuales?

Para responder, necesitarás visualizar en primer lugar si la tecnología digital va a suplantar el *core* de tu negocio actual. En ese caso la tarea principal del CEO será cambiar ambos negocios, el digital y el tradicional, para generar uno nuevo, más allá de hablar de la estructura.

Debo reconocer que al principio pensaba que este cambio cultural, esta revolución, podría llevarse a cabo desde abajo hacia arriba. Ir transformando la empresa poco a poco. Pero la experiencia de haber trabajado para decenas de marcas en decenas de países me dice que la revolución empieza en los CEOs. Si, además, los miembros del consejo no están alineados con los objetivos, la transformación digital cuesta mucho, mucho más. Esto tiene que comenzar desde arriba del todo.

La transformación de Burberry demuestra algunas de las posibilidades de este cambio: al entrar Angela Ahrendts en 2006, la empresa tenía dificultades en conectar con los jóvenes. Angela trajo su visión, y apostó por hablar directamente en lenguaje digital con los *millenials*, un sector que tenían ignorado. Estableció un *Strategic Innovation Council* y apostó por talento joven, fomentando sus ideas y propuestas (como Tweetwalk, una acción que mostraba fotos del *backstage* de las pasarelas de moda, además de streaming online de las pasarelas, contenido en pantallas gigantes y pantallas táctiles en la tienda, etiquetas RFID para contenido adicional en la tienda, etc.). En 8 años, entre su llegada y 2014, la acción de Burberry se triplicó, mientras que el índice FTSE100 subió un 19% de promedio.

Esta evolución digital se puede afrontar de dos maneras, desde el punto de vista de los equipos:

1. Desgajando un equipo, haciendo que desarrollen el mundo digital, y tras ello, integrando todo.
2. Afrontando la transformación como un equipo único desde el principio.

Si eliges el camino 1, ten en cuenta que normalmente la separación en la organización es solo un paso provisional: necesariamente acabarás integrando todo. Es lo que hizo Telefónica en los últimos años. Comenzó teniendo una división digital separada de sus negocios hasta que consideró que todo su negocio estaba listo para ser digital, momento en el que integró esta división en el resto de la empresa. El primer camino suele tener sentido cuando queremos realizar un cambio profundo en nuestra organización y encontramos gran resistencia al mismo. Y es que hay una diferencia entre la disrupción digital y la transformación digital: si la segunda es compleja, la primera lo es aún más.

Elegir entre una y otra puede tener grandes implicaciones en el modelo operativo y en el diseño de la estructura de una empresa. Es habitual que los innovadores de éxito empiecen por separar a sus «revolucionarios digitales» de su *core* de negocio, algo que les permite, por ejemplo, atraer talento y acelerar el ritmo de los desarrollos en un momento inicial. Pero, tras un tiempo, las empresas deben tomar una decisión: si apuestan en serio por la disrupción, tienen que abandonar el *core* de su negocio (ya que se convierte en «su rival», dado que compite por el mismo segmento, además de consumir recursos, tiempo en la dirección, etc.).

La otra opción es trabajar sobre la integración incluyendo a esos «revolucionarios digitales» en el equipo de trabajo habitual, para que vayamos viendo todos juntos cómo podemos transformar lo que ya tenemos. Se trata más de conservar el modelo de negocio, evolucionándolo, que de cortar por lo sano y crear uno totalmente nuevo.

Aptitud

Desde el punto de vista de la aptitud, la segunda palanca a trabajar cuando queremos solventar los problemas de tecnología e integración del mundo off y on es montar tu estrategia sobre la fusión de lo digital y lo físico (lo phygital). Si lo haces, esto puede convertirse en tu diferencia competitiva.

La innovación phygital no solo busca cambiar los productos o servicios. Una empresa que apuesta por el phygital piensa sistemáticamente en cada parte de la experiencia del cliente, y desarrolla de forma integral un modelo para extender la ventaja competitiva y acelerar así el crecimiento.

Si lo pensamos bien, el e-commerce es solo una parte de la foto digital. Una estrategia phygital implica entender que interactúas con el cliente en todos los puntos de contacto, incluyendo cómo encontrar las tiendas, cómo construir las listas de compra, cómo comprobar precios, cómo buscar productos, cómo compartir contenidos y cómo acabar transaccionando. Todos estos puntos de contacto se desarrollan tanto dentro como fuera de la tienda, y los consumidores, cada vez más, quieren tecnología que les simplifique este proceso.

La tecnología en tienda puede contribuir a crear permanencia en tienda, personalización y facilidad de compra. No tenemos que implementar la tecnología en tienda buscando el efecto ay-qué-bonito-ay-qué-moderno, sino que hemos de hacerlo para que estas opciones permitan aumentar el nivel de interacción y de compromiso con la marca, el tamaño de la lista de la compra y, en definitiva, la satisfacción del cliente.

Desde mi punto de vista, en estos momentos, las empresas que lo hacen bien ponen un gran esfuerzo digital en el «antes» de que el consumidor tome la decisión final de compra. Y el antes incluye también lo que pasa en la tienda, porque los que van a marcar una diferencia en el futuro son los que dejarán en manos del cliente el control sobre la experiencia de compra desde una perspectiva integral, introduciendo la tecnología también en tienda bien sea a través de la pantalla del propio consumidor, bien a través de instalaciones de otras pantallas en el propio comercio. Es decir, la conclusión es la siguiente: esperemos un crecimiento en la tecnología en tienda porque la tecnología ha llegado a la tienda física para quedarse. Primero el mundo fue sencillo: una tienda. Luego se complicó con la llegada del comercio electrónico, que era independiente de la tienda. Tras ello, las empresas que lo hacen

bien han logrado que ambos caminen unidos, y en el futuro a corto plazo veremos cómo las tiendas se llenan de tecnología.

GRADO DE «OMNICANALIDAD»

SOLO
TIENDA
FÍSICA

TIENDA FÍSICA /
E-COMMERCE
(independientes)

TIENDA FÍSICA
+
E-COMMERCE
(integradas)

TIENDA FÍSICA
+
E-COMMERCE
+
TECNOLOGÍA
EN TIENDA

Fuente: Elaboración propia.

Y es que una de las preguntas recurrentes que escucho en los
foros profesionales en los que participo es: «¿Los llevo a mi tienda online o los llevo a mi tienda offline?». En mi opinión, si tienes una tienda física debes conseguir que sea una tienda interesante, que valga la pena, que apetezca visitar; en definitiva, si me
lo permites, que mole. Si es así, tienes una gran ventaja. Sin des-
cuidar tu tienda online, por supuesto, que debería estar en perfecto estado de revista. Lo que pasa es que la guerra, de momento, se sigue ganando (o perdiendo) en la tienda física. Si tienes una
buena tienda física, tienes mucho ganado.

¿Y utilizamos la tecnología en tienda? ¿Nos gusta hacerlo? Un
estudio de Nielsen[28] muy interesante preguntó a los usuarios sus
preferencias. La verdad es que los datos de uso eran bastante bajos (por ejemplo, en Norteamérica el 41 % de los usuarios afirmaban que usaban cajas de autoservicio en tiendas, el porcentaje bajaba al 23 % en Europa, y aún era menor en el resto del mundo).
Sin embargo, el interés por usar esta tecnología era altísimo, por

encima del 80 o 90% de los usuarios. Ocurre algo similar con las pistolas que escanean (y te ponen en el carrito) los productos a medida que vas por la tienda: muy pocos las usamos, pero a casi todo el mundo le gustaría hacerlo. Es decir, si no lo hacemos, es porque todavía hay pocos sitios donde se ofrezcan.

Parece que nos gustaría bastante utilizar la tecnología en tienda, pero la encuentras en muy pocos comercios. Es decir, como siempre, nos gusta que nos den opciones para controlar nuestra experiencia, también en tienda.

Por tanto, el gran acelerador de las ventas se produce en la intersección de la visión, la tecnología y la integración, que forman el grupo de superhéroes de las ventas «Los Tres Vendedores del Futuro».

Máquinas que piensen y personas programables

Hace poco me quería comprar un mantel. Y fui a una tienda cuyas oficinas centrales están en Arteixo, cuya marca comienza por Z y acaba en A, en su división de producto para la casa. No puedo decir quiénes son por discreción. Como tenía prisa, aparqué en doble fila (mal hecho, lo sé) y mi pareja se quedó esperando en el coche. Elijo un mantel y, como luego pasa lo que pasa, decido que el futuro de mis comidas en casa sería mucho más prometedor si mi novia supervisara la elección de dicho mantel. Me acerco al mostrador y le digo a la dependienta con la más embaucadora de mis sonrisas:

—Perdona, tengo a mi mujer en el coche y me gustaría que viera este mantel, a ver si le gusta. ¿Puedo sacarlo un momento para enseñárselo?

Negros nubarrones se depositaron sobre el ceño fruncido de la —hasta entonces— amable dependienta.

—No, no, de ninguna manera. No puedes sacar el producto de la tienda. Está totalmente prohibido, va contra las normas.

—Bueno… no sé… te dejo el DNI, mi tarjeta de crédito, el billetero, el móvil… pero déjame sacar el mantel para que lo vea mi chica.

—Espera que llamo a mi jefa.

Por supuesto, al cabo de unos instantes, aparece la jefa suprema:

—No, no. Esto está completamente prohibido.

—Ya. Pero, mira, mi chica está allí, en ese coche azul. La estamos viendo desde aquí. No nos vamos a fugar a Andorra con un mantel robado. Se trata solo de enseñárselo, volver, comprarlo o escoger otro.

—No, no. Está superprohibido.

—Pues muchísimas gracias por todo. Aquí les dejo su mantel.

Se está dando una paradoja en el *retail*: queremos máquinas que piensen y personas programables. Estamos proporcionando autonomía total a pantallas, equipos informáticos y sensores de todo tipo… pero se la estamos quitando a los trabajadores que interactúan con el público. Premiamos el *machine learning* y la rigidez humana. No permitimos a la jefa de la tienda «transgredir» unas reglas rígidas que impiden sacar manteles del establecimiento para que las novias los aprueben, para cerrar una venta. Si Amancio (Amancio solo hay uno) se enterara, le da un síncope.

El coste del trabajador crece y el de los microprocesadores baja. Por eso nos parece inteligente aumentar la presencia de máquinas que piensen (son cada vez más listas). El aumento que se espera en los próximos años en *Big Data* puede llevar incluso a incrementar este hecho (las máquinas serán aún más listas). El problema (por ahora) es que las máquinas y los datos son capaces de dar respuestas, pero no son capaces de «pensar» las preguntas; esto lo tienes que hacer tú…

Es necesario que el personal de la tienda se convierta en un experto minorista y que permita una interacción que las máquinas no te van a dar. Que, como haría cualquier dueño de tienda de toda la vida, me permita sacar un momento de la tienda un mantel para que lo vea mi novia, sabiendo que, con ese gesto, va a acabar vendiéndolo. El vendedor en la tienda continúa teniendo un protagonismo fundamental, porque —ayudados por sus móviles— los consumidores cada vez estarán más informados sobre los productos y servicios. Y el personal deberá ser, por lo menos, igual de experto que esos clientes megainformados. Queremos *retail experts* en entender al cliente. Y debemos proporcionar a los trabajadores herramientas que les permitan construir y actuar según las preferencias del cliente, para aportar un servicio más personalizado. Dejar que el dependiente aporte valor en el contacto entre personas.

Si no, dejaremos de ir a las tiendas. Algo que está pasando, sobre todo en horario de oficina. Porque yo sé que tú no lo haces (eres un profesional como la copa de un pino), pero te sorprenderá saber que tus colaboradores compran desde el despacho.[29] Y lo hacen desde el digital. Cuando las calles están vacías, la red mundial, internet, está que hierve.

% DE LAS IMPRESIONES DIARIAS POR HORA DE CADA PLATAFORMA EN LA CATEGORÍA DE *RETAIL*

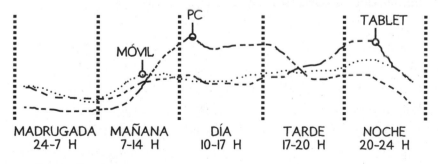

| MADRUGADA | MAÑANA | DÍA | TARDE | NOCHE |
| 24-7 H | 7-14 H | 10-17 H | 17-20 H | 20-24 H |

Fuente: ComScore.

Un observador avezado indicaría que entre las 10 y las 17 horas está el pico de impresiones en las plataformas de *retail*. Teóricamente deberíamos estar trabajando, pero estamos comprando un cepillo de dientes y dos bolsas de Lay's Vinagreta.

El gran consumo: el gran reto

Si hay un sector en el que existen prejuicios sobre el éxito de la integración, ese es el gran consumo (nadie va a comprar manzanas en un súper digital, porque los gastos de envío son una barrera insuperable...). Sometamos la cuestión al frío análisis de los datos:

Una cuarta parte de las personas que compran online[30] ya están adquiriendo productos de consumo. Y más de la mitad (un 55%) se declaran dispuestos a hacerlo en un futuro.

De ellos, el 14% ya están en modelos de compra de productos de consumo por suscripción. Esto quiere decir que ya hay gente que no compra online, sino que está suscrita a algo que le envían periódicamente: cada semana, cada quincena o cada mes. Y un 54% plantean que les gustaría suscribirse a este tipo de compra. Esto significa que no quemas calorías para ir al supermercado, sino que las calorías vienen a tu casa sin que ni siquiera tengas que pedirlas. Pero es cierto que este dato hay que cogerlo con pinzas porque está ligeramente distorsionado por la alta penetración de este servicio en China. Por cierto, para mí esto es un ejemplo clarísimo de servificación, estar suscrito a la compra.

El 61% de los encuestados disfrutan yendo a comprar al supermercado (evidentemente, hay gente para todo). Y a un 57%, ir a la compra les parece una actividad estupenda para disfrute de toda la familia (donde esté ir un sábado al híper, que se quite una visita a Port Aventura, ¡claro que sí!). En *retail* de gran consumo sigue pesando mucho el mundo offline. Por eso, aunque la mayoría siguen prefiriendo ir a la tienda, es necesario que la experiencia que vivan sea agradable, eficiente y relevante, para que sigan dispuestos a asumir el esfuerzo de desplazarse.

En el futuro próximo, la dictadura de la tienda física puede llegar a su fin, porque los entrevistados más jóvenes preferían utilizar las opciones de e-commerce como entrega a domicilio, recogida en tienda, supermercado virtual o suscripción automática. Por increíble que parezca, los jóvenes prefieren invertir su tiempo en otras cuestiones que consideran más interesantes que ir a hacer la compra al súper de turno.

PRINCIPALES FOCOS DEL E-COMMERCE

Nota: Cuota del valor del mercado online a junio de 2016.
Fuente: Kantar.

Por todo ello, resulta claro que las marcas de gran consumo van a entrar fuerte en el comercio electrónico, y también porque saben algo que los demás no saben: la categoría de bienes de consumo está creciendo a un ritmo anual de un 1,6 %. Sin embargo, la categoría de e-commerce de bienes de consumo crece a un 15 %

(y en valor representa mucho más). La penetración del e-commerce crece a un ritmo 10 veces mayor que el ratio de crecimiento de la categoría en general.

Otro dato interesante que manejan es que el 55 % de los que adquieren online productos de consumo lo hacen sobre una lista predefinida,[31] según un estudio de Kantar. O estás en la lista, o estás muerto. La guerra se centra en estar en esta lista. Si has logrado colocarte, tienes mucho ganado. Si no, tienes que conseguirlo a toda costa.

Por estas razones, creo que la categoría de gran consumo se comporta como «la bestia durmiente». Porque el gran consumo es margen. Si tienes productos de margen, tienes recursos. Y si tienes recursos, puedes invertir. Es cuestión de tiempo (poco) que muchos de los grandes jugadores de la industria de gran consumo decidan poner sus recursos para conseguir entrar en esa lista y acelerar el avance del e-commerce en esta industria. Cuando despierten, nos vamos a enterar. De hecho, las marcas de consumo cuentan con un activo importante: que son conocidas. En la compra por internet ya hemos dicho que la marca resulta fundamental, y gran consumo no es una excepción. La lista de la compra de internet incluye más marcas de fabricante que la lista de la compra física.

¿Y qué compramos online en el súper?

Más de un tercio de los compradores online esperaban comprar sus comestibles online durante 2016. Según el director del análisis de Morgan Stanley,[32] «debido al tamaño de la categoría de la alimentación (solo en Estados Unidos, unos 675.000 millones), una adopción más rápida del FMCG online podría llevar a acelerar el crecimiento del e-commerce en general».

EVOLUCIÓN DE LA COMPRA DE PRODUCTOS FRESCOS ONLINE

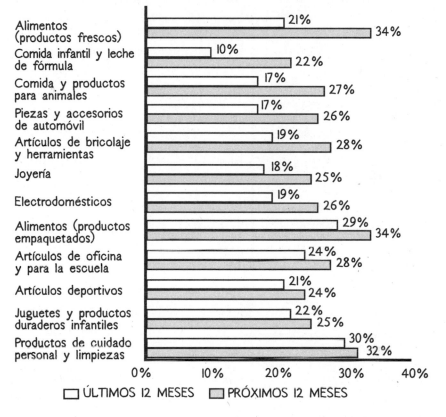

Pregunta para encuesta: «Indique, por favor, qué categorías ha comprado online durante los últimos 12 meses. Después indique qué categorías de las que ha comprado en tienda espera comprar ahora online en los próximos 12 meses».

Fuente: Morgan Stanley.

Pero, ojo, si no compro online, mis razones tendré. (Véase el siguiente gráfico.)

PRINCIPALES RAZONES POR LAS QUE LOS CONSUMIDORES NUNCA HAN COMPRADO ALIMENTOS ONLINE

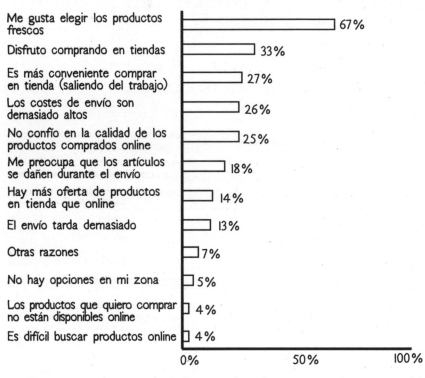

Pregunta para la encuesta: «Indique, por favor, las razones por las que nunca ha comprado alimentos online».

Fuente: Morgan Stanley.

En el gráfico anterior se menciona en primer lugar: «Me gusta elegir los productos frescos». Puede ser. Pero hace muy pocos años también declarábamos firmemente que jamás compraríamos online productos como ropa (me la tengo que probar, necesito tocar la tela, las fotos no son suficiente para valorar las prendas...), coches (cómo voy a comprar un coche sin haberme sentado antes al volante), etc. Ya se encargarán los *retailers* de productos de consumo de generar propuestas de valor atractivas e interesantes para que esto cambie. Y cambiará mucho más rápido de lo que nos pensamos. ¿Quién nos iba a decir hace 10 años que preferiríamos ir a un apartamento de un particular antes que a un hotel, a pasar una semana de vacaciones en París? Si nos lo hubieran planteado entonces, habríamos dicho «qué raro, no me gusta», y ahora se hace con normalidad. Pues para el producto fresco igual: surgirán propuestas que atenderán este tema en producto fresco.

En Estados Unidos, por ejemplo, según el estudio de Kantar ya referenciado anteriormente, las expectativas de comercio electrónico en gran consumo están definidas por Amazon. La categoría responde en función de cómo se mueva Amazon. Lo que pasa es que, cuando hay un líder muy líder, condiciona la manera respecto a cómo tiene que evolucionar ese mercado. Porque el consumidor, por defecto, te compara con el mejor. Por eso, cuando les preguntas a los consumidores estadounidenses por qué razones eligen el lugar en el que van a ir a la compra, las respuestas son:

1. «Quiero sentir que he hecho un buen negocio en cuanto a calidad-precio.»
2. «Quiero ahorrar todo lo que pueda.»
3. «Quiero tener una experiencia de compra sin estrés.»

El precio es un *driver* potentísimo para los estadounidenses. Sin embargo, en los últimos años la tercera variable está colocándose al mismo nivel que las dos primeras. Lo más interesante es que, si les preguntas a personas de menos de 35 años, dos tercios te dicen que comprar sin estrés es comprar online. Mientras que, para las personas mayores, la proporción se invierte: dos tercios piensan que la compra física es la compra sin estrés. Y para los *boomers* (los nacidos entre 1954 y 1964 aproximadamente), la proporción es 50-50.

Crece sin parar el *Click & Collect* (compro online y lo recojo yo mismo dentro del súper) y el *Click & Drive* (compro yo y me lo cargan en el coche cuando paso por ahí). Lo que va a tener mucho futuro son los modelos híbridos (en el fondo, hiperservicio de nuevo): lista de la compra predefinida en la que habrás elegido todos los productos envasados (champú, desodorante, detergente, cereales, leche, zumo…) y que ya tienes preparada y colocada en bolsas cuando llegas al súper. Así liberas tu tiempo para elegir los productos frescos en 20 minutos y salir por la puerta de la manera más efectiva posible. La clave, entonces, estará en la gama de frescos que pongas a disposición del consumidor. Porque en los productos envasados no vas a marcar la diferencia: son «los de la caja».

Así que parece que un futuro del *retail* en consumo tiene que ver con la categoría de frescos.

Las marcas, entonces, van a querer trabajar con los *retailers* que construyan propuestas de frescos muy buenas: nos vamos a jugar la vida en tener lo que no tiene nadie. En este sentido, resulta revelador conocer lo que explica un estudio,[33] que sostiene que los *retailers* que son capaces de atraer al público tienen tres características:

1. *Una oferta online verdaderamente excepcional.*
   No se trata solo de considerar que «así es suficiente» o «con esto ya vale». En el mundo online, para la categoría de supermercados en general hay una enorme diferencia entre una propuesta suficientemente buena y una excepcional, y solo estos últimos atraerán y retendrán a los clientes. No basta con aprobar, hay que tener buena nota y tenerla en todos los factores relevantes para el cliente. Por ejemplo, la comodidad es importante, pero la calidad, el surtido y el precio

también importan mucho. La opción del pasillo infinito, es decir, la oferta de productos sin límite de las tiendas online, es una gran oportunidad para las empresas de ofrecer más variedad y apostar por la innovación siempre que conozcan a su cliente (ver más abajo). Como se ve, algo complejo, porque implica no renunciar a nada.

2. *Consistencia en la optimización de beneficios.*
Para el *retailer*, buscar el máximo de eficiencia en todos y cada uno de los puntos de la propuesta —en los costes de envío, en carros de compra fáciles (que triplican la velocidad al colocar productos en su interior), en un buen motor de la web, en recomendaciones contextuales (por ejemplo, basadas en compras previas), en acceso a recetas por producto, o mediante la posibilidad de repetir una compra previa con un solo clic— puede llevar a un aumento del 5% en la compra media.

3. *Enfoque estratégico en la venta de productos de consumo online.*
Los líderes que creen en el potencial de la venta online de comestibles y productos de consumo en general deben estar preparados para encontrar oposición dentro de la empresa. Tener visión no es tan sencillo. Por eso, una vez más, será clave tener visión. Ningún vendedor podrá realmente definir el mercado si no está convencido de apostarlo todo. Una aproximación incremental (por ejemplo, tienda a tienda, o una categoría tras otra) está condenada al fracaso. En este sentido, ser estratégico significa optimizar tu propuesta para el contexto local (incluso por barrio), teniendo en cuenta tu target de clientes, tu propio nivel de canibalización, el entorno competitivo... Así, un modelo válido para una zona urbana de una gran ciudad con tiendas competidoras de un estilo puede ser muy diferente del

modelo correcto de una urbanización o un pequeño pueblo sin apenas competencia.

Para terminar este capítulo, si eres fabricante de gran consumo, permíteme que te susurre estas ideas al oído:

1. *Conoce a fondo el perfil del shopper.*
   En general, los fabricantes saben muy poco de este perfil en su comportamiento online (palabra de fabricante de gran consumo). Y es que el *journey* del comprador online es diferente de aquel que es offline: la cesta de la compra está sujeta a muchas más interacciones e influencias. Imagina que un padre empieza el proceso de compra creando una lista virtual y la manda al resto de su familia por mail o por whatsapp para que todos puedan poner o quitar productos (él decide que les da un plazo de un par de días para hacerlo). Con ello, el resto de los miembros de la familia pueden acceder a la lista y comentarla, conocer los componentes de determinados productos y quitar y poner según su deseo. Al final, el padre valida la operación y se lleva a cabo la compra, que es servida en X horas en su domicilio. Este proceso es fundamentalmente diferente al de la compra física.

2. *Construye nuevas métricas.*
   El comercio online es un nuevo mundo donde las tácticas tradicionales de marketing no funcionan (estantes con voz, displays especiales en el lineal...). Las empresas de consumo tienen que desarrollar nuevos mecanismos online, nuevos drivers y repensar cómo van a medir éxito o fracaso porque las ventas por metro de lineal pierden sentido.

3. *Conquista el espacio de pantalla.*

Algunos fabricantes todavía no se han dado cuenta de que aquí compiten por pantalla y de que esto es un nuevo capítulo a caballo entre la comunicación comercial y el mundo del punto de venta (empieza a conocerse como *e-trade marketing*). Los supermercados, por ejemplo, están comenzando a cobrarles por hacer el *listing* (al estilo Google): «¿Yogures? Claro que puedes salir el primero en la lista de productos recomendados, pero pagando. No los voy a colocar por orden alfabético». Existe una gran oportunidad para fabricantes que no son líderes en la venta en tienda offline, pero que pueden llegar a serlo colocando sus productos en la lista de la compra online de los consumidores, que es la lista de la compra del futuro.

Y, por supuesto, si eres fabricante, trabaja con los *retailers* que ofrezcan hiperservicio y servificación.

¿Qué hacemos con Amazon?

«¿Ganaré más con Amazon? ¿Tengo que estar en Amazon? ¿Es mejor crear mi e-commerce? ¿Qué ventajas me puede reportar entrar? ¿Qué inconvenientes y riesgos hay?»

Si me hubieran dado un euro cada vez que me asaltan con estas preguntas en formato ametralladora en alguna clase, un congreso profesional, en unas conferencias o en reuniones con equipos directivos, ahora estaría colocado en la Lista Forbes entre don Amancio y Bill Gates.

Pongamos Amazon en contexto:

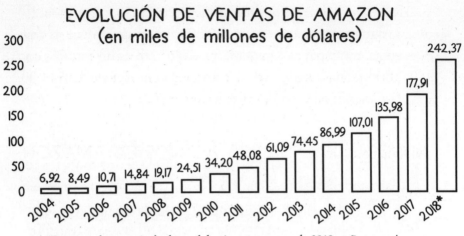

EVOLUCIÓN DE VENTAS DE AMAZON
(en miles de millones de dólares)

*Proyectado a partir de datos del primer semestre de 2018 y años anteriores.
Fuente: Amazon.

Desde el año 2004 hasta el año 2017, la evolución de ventas de Amazon resulta bastante impresionante: pasa de casi 7.000 a casi 180.000 millones de dólares, y con unas ventas estimadas para 2018 de más de 240.000 millones. Por aportar una cifra que nos sirva de referencia, el mejor año de la historia de El Corte Inglés fue 2007, con casi 18.000 millones de euros (en 2015, 15.000 millones).

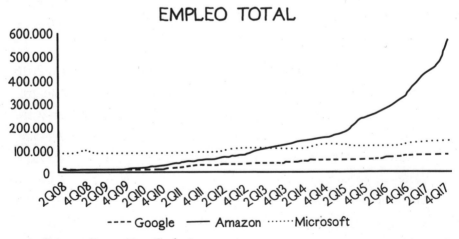

EMPLEO TOTAL

Fuentes: Expansión y Geekwire.

En empleados, Amazon superaba en 2017 el medio millón. En un año han incorporado más de 210.000 personas. Otra vez, como referencia, en España el mayor empleador (privado) es ACS, con 182.000 personas, seguido de Mercadona, que alcanza los 84.000, y de El Corte Inglés, con 81.000 (datos de 2017).

Fuente: Amazon, Seeking Alpha.

El ritmo de usuarios no ha parado de incrementarse. En 2016 tenían ya más de 300 millones y, si se mantiene el ritmo de crecimiento, para cuando se publique este libro se acercarán a los 500 millones de usuarios. Pero casi es más significativo ver que, en abril de 2018, Bezos informaba que ya tienen más de 100 millones de usuarios de Amazon Prime. Esto es, usuarios que pagan (unos 36 € al año en España o Italia, en Estados Unidos 12,99 $ al mes o 119 $ al año si lo pagas de golpe, y en Gran Bretaña 7,99 £ al mes, o 79 £ al año) por recibir los productos YA. Es

decir, normalmente son usuarios muy activos, reincidentes, SUS-
CRIPTORES casi, que asumen ya que van a comprar regularmente en la tienda con sede en Seattle.

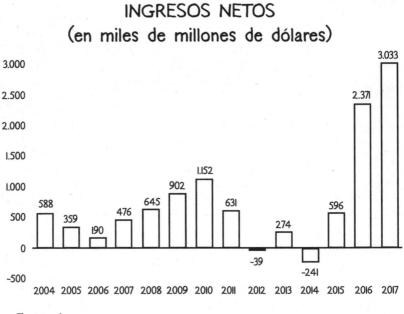

INGRESOS NETOS
(en miles de millones de dólares)

Fuente: Amazon.

Amazon ha estado incrementando las ventas trimestre a trimestre y, sin embargo, en muchas ocasiones ha presentado pérdidas...
algo que no les preocupaba nada. Ya en 1995 Jeff Bezos afirmaba
tras un período de rentabilidad que «se trataba de un error». Existen incluso anécdotas sin confirmar sobre algún que otro director
de división que cuando acude orgulloso a presentarle resultados de
beneficios en los últimos meses a su jefe, Bezos entra en cólera y
decide invertir millones de esa división hasta llevarla a pérdidas.

Gastan cantidades enormes para crear los almacenes más avanzados, los canales de atención al cliente más eficientes y huma-
nizados, robots para automatizar y agilizar los centros logísticos,

y muchas otras funcionalidades que les permitirán comerse en el futuro un mayor trozo de pastel del mercado. El objetivo es claro: crecer, internacionalizarse, ganar cuota de mercado, acostumbrar al cliente al modelo de servicio Amazon. Según un antiguo empleado de esa compañía que fue durante 7 años jefe de producto, «el *core* de negocio de Amazon le permite generar beneficio con cada transacción… así que cuando tienen pérdidas es porque están invirtiendo en conseguir una mayor base de ventas». Y mucha de esta inversión se destina a tecnología.

Mientras otros grandes *retailers* invierten grandes cantidades en publicidad y en buscarse la vida para atraer tráfico, Amazon las gasta en algoritmos, y en incorporar talento del MIT, Carnegie Melon o Caltech. Como detalle: desde 1994, Amazon Technologies había registrado unas 1.263 patentes (hasta 2013). Walmart había registrado 53. Y cada invento está pensado para hacer las ventas un poco más fáciles, más seductoras, o para recortar costes.

Como explica el profesor Scott Galloway, Amazon no parece tan importante porque solo significa un 4% del *retail* en Estados Unidos. Un 4% es muy poco, claro. Pero si observamos con detenimiento otras cifras, nos daremos cuenta de que es un monstruo que viene a comernos a todos: se lleva una cuarta parte del crecimiento del *retail*. En *cloud*, ocupa un tercio del mercado. En e-commerce consigue 1 de cada 2 dólares que se gasta la gente en Estados Unidos. En el Black Friday, más de la mitad del total de ventas (on y offline, ojo). Un 62% de los hogares tienen Amazon Prime. Cuentan con un 70% en Share Of Voice, con Alexa, el buscador del futuro… y se han convertido en el buscador del presente para nuestras compras. Porque existen diferentes buscadores en función de lo que queramos buscar. El dios Google ejerce un poder prácticamente omnímodo cuando tratamos de encontrar algo en internet, pero, para según qué cosas, comenzamos a ver que existen otros buscadores que nos proporcionan resultados más afines.

Uno de ellos es Amazon. Si queremos buscar para comprar, Amazon. Lo que representa un problema gigante para Google.

CÓMO INICIAN LOS CONSUMIDORES LA INVESTIGACIÓN DE PRODUCTOS 2016

Fuentes: Survata Study, MarketingLand.

¿Por qué nos gusta Amazon para buscar las cosas que queremos comprar? ¿Por qué nos atrae más que Google, en el que buscamos prácticamente todo lo demás? Según un estudio,[34] en 2016, el 55 % de las veces que entramos en internet para comprar algo, empezamos a buscar directamente en Amazon, mientras que «apenas» un 34 % de las veces entramos en Google para buscar opciones.

Los usuarios no vemos a Amazon solo como un sitio para comprar cosas que nos hacen falta: es nuestra fuente de inspiración. Un catálogo infinito, siempre abierto y lleno de ideas para acertar en la compra en todos los casos. Incluso en el regalo que tenemos que llevar al cumpleaños de nuestra suegra. Y si no le gusta, lo puede devolver.

Además de tener una oferta muy profunda y muy extensa, según un estudio de Bloom Reach:

- Un 53 % cree que Amazon tiene la mejor experiencia de usuario web.
- Un 33 % menciona la experiencia de la web de Amazon como el principal motivo para elegirlo antes que otros vendedores.
- Más de un 50 % asegura que el buscador de Amazon y sus filtros de producto son «mejores que los de la competencia».
- Un 41 % ha abandonado la compra en otra web para irse a Amazon por culpa de una mala experiencia en la búsqueda.

Y es que A9, el buscador de Amazon, busca mejor que mamá. Mamá, ¿dónde están mis pantalones de deporte, que hoy tengo gimnasia? Pregúntale a A9.

A9 tiene en cuenta multitud de criterios que son muy diferentes de los que utiliza Google para atenderte (las variables del algoritmo del famoso buscador son distintas), entre otras:

- Ventas recientes (las ventas totales de ese producto y también las ventas en las últimas fechas: muy útil en temporadas como verano, Halloween, San Valentín…).
- *Reviews*, especialmente los verificados (es decir, de usuarios que han hecho la compra y han escrito su opinión sobre ese producto con el mismo perfil).
- CTR y CTS: el *Click Through Rate* es importante (de la gente que previamente ha hecho clic en una búsqueda, cuántos se han quedado en esa página), y aún más importante el *Click Through Sale*, de personas que han comprado tras buscar el producto.
- Contenido y estructura: cuanta más información y más estructurada, mejor (se valora tener título de producto, subtítulo, descripción, fotos, info de autores o creadores del producto, y *keywords*).

- Las *keywords* son hasta 7 palabras o categorías que puedes asociar al producto. Son internas de Amazon, el usuario no las ve, pero son útiles para posicionarse en una búsqueda.

Con toda esta información, pueden actuar como los *retailers* de toda la vida, pero de manera aún más potente porque su catálogo es muy amplio y además pueden anticipar qué te va a gustar o te puede hacer falta (aunque, por suerte para nuestro bolsillo, no siempre aciertan).

Esto tiene su lado oscuro para los fabricantes que venden en Amazon. Por ejemplo, ¿que hemos detectado desde Amazon que la moda va como un tiro en venta online? «Pues apostemos por ella», dicen desde el gigante de Seattle. En los últimos años, Amazon ha estado invirtiendo en moda: ha lanzado su propia línea y ha patrocinado la primera semana de la moda masculina en Nueva York. Amazon también ha contratado ejecutivos de empresas de moda y de lujo, como Julie Gilhart, director del Barneys New York, o la editora de Vogue, Caroline Palmer. Cambió su estrategia, e incluyó más diseñadores de gama alta, como Zac Posen o Stuart Weitzman… Amazon aumentará sus ventas en ropa un 30% en 2017 (hasta 28.000 millones de dólares), mientras que se espera que Macy's baje un 4%, hasta los 22.000 millones. Y esto puede provocar que sean los líderes en este segmento en Estados Unidos en solo 5 años.

Esto se aplica a cualquier categoría. Si tú fabricas tenedores y tus tenedores se venden mucho, Amazon te ayudará a vender aún más. El pequeño problema es que, después, buscará a alguien que fabrique un tenedor parecido al tuyo, que colocará en su web antes que el tuyo y que tendrá un precio inferior o una mejor visibilidad. La marca blanca de toda la vida de los supermercados, pero con millones de datos que la soportan.

Entonces ¿vendemos en Amazon o no vendemos en Amazon? Quizá aquí valga la pena hacer la reflexión de lo que significa vender por marca o vender por plataforma. Amazon es un están-dar. Sabemos cómo funciona. Eso significa que, en algunos casos, si la marca no es muy relevante, se produce un cambio de «leal-tad de marca» a «lealtad de plataforma».

Esto ha empujado a los *retailers* online a plantearse las cuestio-nes con las que comenzábamos el capítulo: ¿Cómo puedo man-tener la lealtad de mis clientes? ¿Creo mi tienda online y vendo en ella, o lo hago en Amazon? Y si las combino, ¿cómo lo manejo?

Esta lealtad de plataforma se ha producido gracias a que Be-zos ha sido capaz de luchar desde el primer día con los tres gran-des problemas que tiene su negocio:

- No tiene vendedores.
- No puedes ver ni tocar el producto.
- No te lo puedes llevar.

Tener tan claras las dificultades también significa que tienes perfectamente definidos los problemas que debes superar. Y para cada una de estas enfermedades, en Amazon han desarrollado una vacuna, un antídoto comercial que les ha permitido superarlas:

- *Ratings and reviews*: Los clientes actúan como vendedores, dando su opinión, prescribiendo los productos y respon-diendo a preguntas de otros usuarios. O mis productos tie-nen buenos ratings (y buenas fotos) o caerán en picado en el listado.
- *Fotos y detalles técnicos*: Imágenes muy cuidadas, con toda la información necesaria.
- *Todo tipo de entregas*: Amazon Prime, Prime Now, Amazon Fresh... Cuando tú digas y como tú digas. Tienen, por ejem-plo, entrega en horas, en un día, dos, tres, entrega en un punto de recogida (cada uno de ellos con precios distintos o

incluso gratuitos, bien por estar suscrito a Amazon Prime o bien porque el precio del producto incluye el envío).

Con estas tres ideas, es capaz de luchar con fuerza en el mercado contra jugadores que tienen decenas, centenares, miles de tiendas. Aunque no son las únicas bazas que debemos tener presentes.

Ventajas del amazonismo:

- Base de posibles clientes enorme (centenares de millones de personas).
- Estar en Amazon en sí mismo da credibilidad y confianza.
- Una potente infraestructura de apoyo (incluyendo envíos, tramitación de impuestos, etc.).
- Tratan de ayudar a los vendedores para que vendan más. Incluso tienen equipos que se dedican a crear algoritmos predictivos para la fijación de precio de forma eficiente dentro de Amazon, y así superar siempre a la competencia.
- Dominan el marketing digital e invierten muchísimo, por lo que atraen tráfico.

Inconvenientes del amazonismo:

- No tienes el control de tu marca.
- Te puede fagocitar el propio Amazon.
- Pierdes la lealtad (y datos de contacto) del cliente, que pasan a ser de Amazon.
- Si ofreces todo tu portfolio de productos en Amazon, corres el riesgo de canibalizar tus ventas directas, y perder un margen mayor.
- La uniformidad de la experiencia de compra en Amazon puede ser un problema. Por ejemplo, en marcas de gama

alta (Hermès, Rolex, Gucci), Amazon no ofrece a los compradores de lujo una experiencia distinta. Es el mismo proceso que para comprar una escobilla para el retrete.

- Te has de integrar/someter a los requerimientos de integración, lo que supone un gran esfuerzo al departamento de sistemas, que tienen que adaptarse al de Amazon para automatizar procesos de transporte, códigos, etc.

- Las comisiones: según el volumen, pueden cobrarte desde 0,99 € por producto (si vendes poco) hasta una tarifa plana de 39 € si vendes mucho volumen (aunque estos precios seguramente habrán cambiado cuando se publique el libro). Además, según la categoría, te van a cobrar una comisión adicional (desde un 5 % para ordenadores y tablets, 12 % por bricolaje y herramientas, 15 % en productos de bebé…). Y si, además, quieres trabajar con sus sistemas logísticos, también te van a cobrar una comisión, que varía en función de ciertos criterios, por ejemplo, el peso y/o la ubicación del producto respecto del comprador.

Bienvenidos, de nuevo, a los años ochenta y noventa del siglo pasado, cuando los *retailers* comenzaron a construir el imperio de las marcas blancas. Amazon hace lo mismo que Pryca o Continente hacía en moléculas, pero en el siglo XXI y con bits.

Un paseo por el m-commerce

LOS DATOS

Navegamos mucho con el móvil pero aún compramos poco con este cacharro. Los consumidores se están pasando cada vez más a las apps para realizar compras móviles, si bien el gran volumen de tiempo que pasa el usuario con el móvil no se ha traducido a un mayor volumen de compra. Los porcentajes de personas que adquieren productos por móvil vía web y vía app son muy bajos.

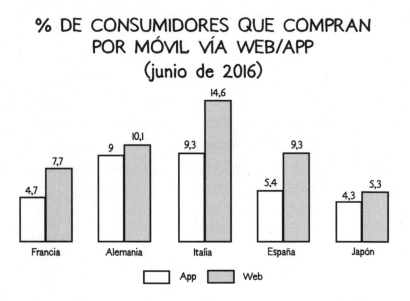

% DE CONSUMIDORES QUE COMPRAN POR MÓVIL VÍA WEB/APP (junio de 2016)

Fuente: ComScore.

Teóricamente, pasamos mucho tiempo con el móvil para conseguir información, pero luego cerramos la compra en un ordenador. Parece que nos gusta ir de tiendas con el móvil, pero nos gusta cerrar la compra en una pantalla grande. Queremos ver bien, bien lo que vamos a comprar, y para eso lo hacemos con el ordenador de toda la vida, sentaditos cómodamente en el sofá de casa o frente a la mesa de la cocina. Teóricamente. Porque, en Gran Bretaña y en Japón, el número de transacciones electrónicas a través del móvil ya ha superado al e-commerce por ordenador. Mientras que en España hemos llegado a un tercio.

CUOTA DE TRANSACCIONES POR MÓVIL POR PAÍS

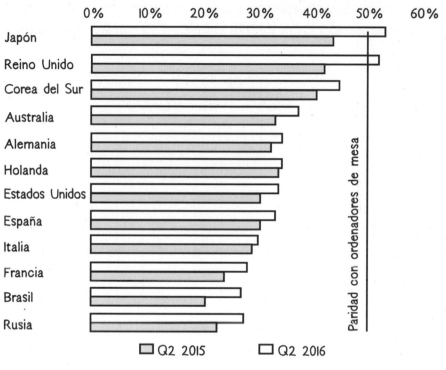

Fuente: Criterio.

La evolución en los 5 mercados top de Europa (Francia, Alemania, Italia, España y Reino Unido) y en América del Norte sigue creciendo a ritmos de dos dígitos anuales: pronto llegarán al 40 % y alcanzarán dentro de poco más del 4 % del total del comercio.

Las compras desde el móvil siguen representando un porcentaje bajo, pero van subiendo año tras año. El m-commerce ya supone en 2016 más de la mitad de las ventas en China, India y Corea del Sur, y un tercio aproximadamente en Alemania, Francia y Reino Unido. En China, por ejemplo, se estima que triplicará su volumen y pasará del 55,5 % de las ventas online al 68 %

en 2020. Mientras que en India llegará a suponer el 80% del total del comercio electrónico.

En otros países occidentales el crecimiento también es importante, si bien no tanto como en determinados países asiáticos: así, el m-commerce crece en tasas de un 20-30% anual en Norteamérica, y de un 10-20% en los mayores países europeos. Con el ritmo actual, tanto en Estados Unidos como en países como Alemania, Reino Unido o España, el m-commerce ya supone cifras de casi el 40% de todo el e-commerce, y ronda entre el 3 y el 5 % del total del *retail*. Estas cifras, en términos de magnitudes, las encontramos en diversas fuentes, y las confirma una que me merece especial respeto: eMarketer.[35]

Vale la pena destacar que hay industrias donde o eres móvil o estás muerto:

- Información de actualidad
- Música
- Videojuegos
- Viajes

En el móvil debemos ser especialmente cuidadosos con el formato de imágenes que empleamos si queremos triunfar en el m-commerce. Veamos qué debemos hacer para hacerlo bien.

UNA IMAGEN (EN EL MÓVIL) VALE MÁS QUE DOS MIL PALABRAS

Imaginemos por un momento que vas a una tienda. Coges un producto (por ejemplo, una camisa). Llegas a caja y le dices al vendedor:

—Quería llevarme este producto.

El vendedor responde:

—Estupendo, ¿está seguro de que lo quiere?

—Sí —le dices, algo confuso.

El vendedor te pregunta:

—¿Me dice su nombre? ¿Y su apellido? ¿Su dirección? ¿Ciudad? ¿Código postal? ¿Usuario y password?

Le respondes.

—¿Me repite el password? —insiste el vendedor.

Y así hasta 15 cosas distintas.

¿Por qué no compramos tanto con el móvil cuando es el instrumento al que más veces acudimos a lo largo del día? Por lo que acabamos de ver en el ejemplo: nos desanima el hecho de que en el móvil, con el efecto dedazo incorporado, nos obliguen a rellenar entre 13 y 17 campos para realizar una compra.

El 39% de los usuarios afirman que un proceso de *checkout* sencillo les convencería para hacer una compra móvil. Tenemos que pensar, además, que un 80% del tráfico móvil se realiza en pantallas menores de 5,1 pulgadas (por ejemplo, solo los modelos a partir del iPhone 6 Plus en adelante son dispositivos más grandes que una pantalla de 5,1 pulgadas). Pero el mundo ve las cosas en pantallas más pequeñas.

Es imprescindible personalizar para *mobile*, pensar para *mobile* y adaptar al *mobile*.

Hace poco tuve que hacer la compra de la semana a través de internet con mi móvil. Me metí en la web de mi súper habitual: 6 litros de leche, 1 caja de cereales, 1 trozo de queso, 1 docena de huevos… lo de siempre. Llegó el momento importante, la compra de tónica (sí, el gin-tonic también ha llegado a mi vida). Entré en la sección de bebidas y busqué «Tónica», seleccioné 6 unidades. Escogí el día y la hora de entrega, pulsé «Comprar» y *voilà*: ya había cumplido con mi porción de tarea doméstica. Llegué a casa y la compra ya estaba, como por arte de magia, en mi cocina. Hasta aquí todo bien. Pero cuál fue mi sorpresa cuando al colocar los productos en su lugar correspondiente me encuentro 6 unidades de 2 litros de Acuarius (total, 12 litros) que no había comprado. Me pregunté qué había pasado y lo comprendí. Supuestamente era la tónica. El problema no era uno de *picking* o *packing*, el problema era la web de compra. Al tener la foto más pequeña que la pata de una mosca, era imposible ver qué estabas comprando.

Si comparamos la manera de presentar las carátulas de películas de cine presentadas por una empresa que piensa en el offline (Blockbuster, por ejemplo) con la de otra que piensa en el online (Netflix, por ejemplo), veremos cómo esta última ha tenido que rediseñarlas para una mejor visualización en pantalla, porque empresas como Netflix, Rakuten o Amazon Video han comprendido cómo deben atender a una audiencia digital, centrada sobre todo en el móvil.

Y una de las claves que salta a la vista en el móvil es la simplificación extrema de las imágenes a utilizar. ¿Qué ideas fundamentales necesita saber un cliente para elegir un producto a través del móvil? Me gustaría aquí utilizar una investigación realizada por la universidad de Cambridge. Según ellos, existen cuatro factores a tener en cuenta para que la compra a través del móvil sea más sencilla para el consumidor desde un punto de vista de imágenes utilizadas, y especialmente útil para el gran consumo. Que veamos bien:

- la marca (Axe);
- el formato (desodorante);
- la variedad (en espray), y
- el tamaño (150 ml).

Tenemos que ponerlo fácil, considerando que vamos perdiendo agudeza visual a medida que pasan los años. (Véase el siguiente gráfico.)

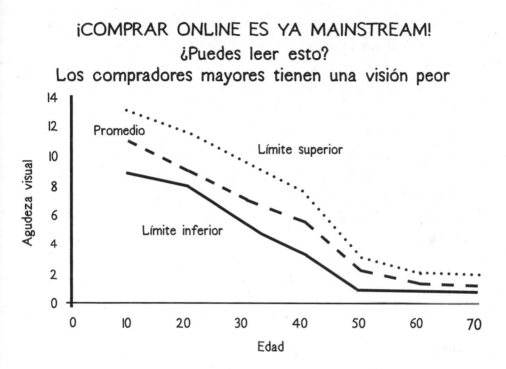

¡COMPRAR ONLINE ES YA MAINSTREAM!
¿Puedes leer esto?
Los compradores mayores tienen una visión peor

Con esto en mente, para superar la barrera visual que presenta el m-commerce, el Cambridge Engineering Design Centre ha desarrollado el concepto basado en lo que han llamado la *Hero Image* («imagen héroe»).

En pruebas A/B, los resultados con *Hero Image* resultan concluyentes:

- Si ves lo que compras (atención, he escrito «si ves lo que compras», y es que muchas veces no vemos lo que compramos porque es minúsculo o está mal diseñado para el móvil): 24% incremento de ventas.
- Menos errores al elegir el tamaño correcto: 2,6% más de ventas.
- Más simple, en todas las pantallas (web *responsive*, y con la info en una imagen): 19,6% incremento de ventas.

- Más rápido, al «ver» el producto (y elegir rápidamente el «modelo» favorito): 3,6% más de ventas.

¿Pueden convertirse las *Hero Images* en la plataforma de despegue del m-commerce? Seguramente no sea lo único que contribuirá a su crecimiento, pero ayudará y mucho. Porque, como he repetido en otras partes del libro, simplemente el hecho de pensar con el foco puesto en las necesidades de las personas (a las que nos cuesta ver las cosas en pantallas tan pequeñas) hace que este desarrollo de diseño permita conectar mejor con los posibles compradores vía móvil.

4

Fusión fría B2B + digital: el vendedor tiene mucho futuro, pero será un vendedor distinto

La gran e-oportunidad del e-commerce

Algo de lo que oiremos hablar mucho en el futuro inmediato (es un reto gigantesco) en el mundo entero es cómo unir las fuerzas de venta con el mundo online. Porque es una asignatura pendiente a escala planetaria y a la que se le prestará mucha atención por el impacto que tiene en las cuentas de resultados (bien sea por costes, porque los vendedores son caros; bien sea por ingresos, porque los vendedores ayudan a vender).

Préstame tu cerebro por un momento. Necesito, por favor, que te concentres. Imagina que trabajas en una empresa que vende productos en un entorno B2B. Pensemos, por un instante, que vendes un producto cuyo precio de venta al público es caro. Muy caro. Caro de verdad. Vamos a pensar que ese producto tiene un precio de venta de 250 millones de euros la unidad. Porque vendes aviones. Pero aviones aviones. No el bimotor que te lleva a Mallorca y en el que, si mides más de 1,70 metros, te das cabezazos en el techo. Tengo varias preguntas para ti, ahora que ya te has puesto en la piel del que tiene que colocar en el mercado aparatos voladores que valen 250 millones de euros:

1. ¿Tendrías un blog corporativo para vender este avión?
2. Para intentar venderlo, ¿mostrarías en dicho blog tu producto estrella mientras le invaden las llamas?
3. Si has respondido afirmativamente a las dos primeras cuestiones, ¿cómo le explicas esta genial idea a tu jefe? Porque hay que tener valor para hacerlo.

No sé lo que habrás respondido, pero en mis clases la gente no se anima a decir que sí a las dos primeras preguntas. Más bien no levanta la mano casi nadie. Sin embargo, para el valiente que lo haga, hay una sorpresa. Ha tenido una visión digital clara. Te presento al Boeing 747-8 Freighter, uno de los aviones de carga más grandes del mundo.

Randy es el Chief Marketing Officer de Boeing y su mayor objetivo en la vida profesional es vender estos aviones. Para ello utiliza, entre otras muchas herramientas, un blog corporativo (es decir, un blog donde la marca de la empresa está muy presente porque es un blog profesional, no particular) que se llama «El Diario de Randy» (nombre realmente original, todo hay que decirlo).

Uno de sus posts versaba sobre «El test definitivo», una prueba que consiste en construir un avión a escala 1:1 y ponerlo a tope de carga y a tope de combustible. Y cuando ya lo tienes bien cargado, lo lanzas por la pista de despegue hasta que alcanza los 320 km/h. Pues bien, esta prueba extrema (parece el título de una película de supervivencia, ¿no?) consiste en que el comandante tiene que detener a este angelito volador de 450 toneladas antes de que inicie el despegue, superando dos barreras: 1) no puede utilizar el freno motor (las turbinas rotando a la inversa) y 2) los frenos están al límite de su vida útil. Claro, para vencer esa tremenda inercia, los frenos se ponen ligeramente «calentitos» —vamos, completamente incandescentes—, hasta alcanzar temperaturas de 1.400 °C, y sueltan una cortina de humo brutal. A esa temperatura, saltan unos fusibles que desinflan las ruedas para que no estallen, mientras se ponen en marcha unos extintores para limitar el daño que provoca que los frenos del avión estén ardiendo. A los 5 minutos llegan los bomberos para echar agua fría, porque en los aeropuertos donde operan estas aeronaves hay una normativa que exige que desde que el piloto da la señal de emergencia hasta que lleguen los bomberos pueden pasar, como máximo, entre 5 y 7 minutos. Las ruedas están destrozadas, pero el resto del avión se ha detenido intacto.

¿Qué es lo que ha impulsado a Randy a postear un vídeo con su joya de la corona en llamas en el blog corporativo de Boeing?

Una demo extraordinaria sobre el factor más relevante en la industria aérea: la seguridad.

Randy no vende aviones de 250 millones de euros a través de su blog, pero sí contribuye a generar un estado de opinión favorable en torno al aparato. De hecho, invita a sus mejores clientes a ver «El test definitivo» en vivo y en directo. Entonces ¿por qué no publicarlo en internet? Muchas veces nos ponemos frenos nosotros mismos, porque sé que habrás contestado que no a las preguntas que te he formulado al comienzo de este capítulo y eso tiene que ver con nuestros prejuicios digitales. Nuestra miopía digital actúa sobre la visión digital que deberíamos tener.

Disclaimer: Pablo Foncillas Díaz-Plaja no está invitando al lector de este libro a poner su producto en llamas en el blog corporativo de su empresa. El autor declina cualquier responsabilidad inflamatoria y/o de pérdida de puesto de trabajo en compañías del entorno B2B.

Este caso de coraje digital se lo escuché a Charlene Li en una conferencia en el IESE y aparece reflejado en su obra *Groundswell*,[36] escrito en coautoría con Josh Bernoff (libro muy recomendable que, a mi juicio, a pesar de hablar de digital, envejece bien).

Me parece un ejemplo magnífico de la necesidad de mirar más allá en lo digital, incluso (o aún más) en B2B.

Estas ideas preconcebidas también tienen que ver con la información que parece que tenemos preinstalada en la cabeza acerca de la oportunidad que ofrece el comercio electrónico para empresas B2B. Creemos que no es muy relevante, y la realidad es otra muy distinta. Por ejemplo, en el mercado de e-commerce estadounidense, según datos de Forrester, el volumen en B2B es más del doble que en B2C (lleva siendo así años). Si quieres vender online apisonadoras, tubo corrugado o tornillos de implantes dentales para doctores, la oportunidad es el doble de grande que la que tienen los que venden zapatillas, teléfonos móviles o enciclopedias. Al contrario de lo que podría parecer:

780.000 millones de dólares en B2B
334.000 millones de dólares en B2C

Datos más recientes de Statista para todo el mundo en 2017 hablan de 7,7 billones de dólares para el B2B respecto a los 2,1 billones para el B2C.

Esto rompe con la idea preestablecida que inunda muchos de mis encuentros con profesionales del sector: «Pablo, todo esto del digital está muy bien, pero es que yo vendo tuercas; yo, aspiradores industriales, y yo, ascensores. ¿Para qué me sirve a mí si el online no tiene ningún impacto en mi sector? Yo tengo fuerza de ventas y esto va de utilizar mi fuerza de ventas». Pues no está tan claro, mi querido profesional del B2B.

Por ejemplo, escribí un caso práctico publicado en el IESE (que fue citado por el *Financial Times*) sobre una empresa que vendía máquinas de altas presiones para la industria de la alimentación. Lo interesante es que esta compañía, de nombre Hiperbaric, una PYME de Burgos, líder mundial en su segmento, descubrió que, de cada 4 ventas que tenían, 3 estaban «tocadas» por el digital de alguna manera (en foros de profesionales, en webs, en redes sociales… Algo poco previsible para una firma cuyo ticket medio de venta al público eran 1,2 millones de euros, con un ciclo de venta consultivo y, por lo tanto, no a corto plazo.

En este sentido, estuve cambiando impresiones recientemente con un director comercial que acababa de ser contratado en una empresa muy B2B, gracias a su perfil especializado en fusionar lo mejor del mundo online con la capacidad de las fuerzas de ventas. En una reunión con su antecesor para el traspaso de funciones, este le dijo: «Mira, te he dejado tres cartas sobre la mesa donde encontrarás tres consejos para momentos de zozobra. Esos días en los que te asaltan las dudas sobre si lo estás haciendo bien o no. Eso sí, recuerda abrir los sobres secuencialmente. Cuando te asalte la primera incertidumbre, abres solo el número 1. Y así, uno tras otro».

El nuevo director comercial comenzó a trabajar en esa empresa y pasaron las semanas, mientras comprobaba que su tarea era muy compleja porque le estaba costando demasiado la integración de las fuerzas de ventas con las oportunidades que ofrece el online. Las cifras de venta estaban demasiado planas y no conseguía que evolucionaran. Así que decidió abrir el primer sobre. En él encontró un tarjetón con una sola frase:

CULPA A TU ANTECESOR

El director comercial se reunió con el director general y le explicó que tenía a los equipos desmotivados, que su antecesor era un inútil que había provocado malestar en el equipo, que debido a esto no conseguían llegar al mercado, etcétera, etcétera, etcétera. Con esto ganó unos meses, pero la cosa iba de mal en peor: sus decisiones no funcionaban y las ventas descendían. Llegó el momento del segundo sobre:

REORGANIZA TU TERRITORIO

Si estás organizado por geografía, reorganízalo por cuentas. Si lo estás por cuentas, vuelve a organizarlo por industrias. Y si lo tienes por industrias, cámbialo por zonas geográficas. Con esto consiguió otros 6 meses, porque entre que lo planteas, lo vendes internamente, lo implementas y se pone en marcha, lo cierto es que pasa un tiempo considerable. Pero ni por esas. La integración parecía imposible. Los vendedores desconfiaban del equipo de marketing online, los de marketing online no entendían a los vendedores... y las ventas caían en cada canal. En el tercer sobre se encontraba su última oportunidad:

ESCRIBE TRES SOBRES

Voy a generalizar, pero los directores comerciales, hoy en día, no tienen ni idea de cómo unir lo mejor del mundo online con lo mejor del mundo offline. Porque es muy complejo, es muy difícil y es el gran debate al que nos vamos a enfrentar en los próximos años en el mundo de la venta profesional.

Es un tema recurrente al que he dedicado una parte de mi labor investigadora en los últimos años. Lo que vas a leer a continuación en este capítulo es el resultado de haber procesado 104 *papers*, 210 artículos e informes, más de 60 vídeos, unos 20 casos estudiados al detalle y acompañamientos a vendedores durante más de 10 años.

Un análisis cuyo resultado he centrado en los *sistemas*, las *personas* y los *procesos*, para que puedas activarlos y aprovechar la gran e-oportunidad que se le presenta al B2B con el desarrollo del digital.

Los sistemas

¡Atención, pregunta número 1!

1. En los próximos dos años, en el mundo del B2B, ¿qué porcentaje de relación con la empresa se realizará sin interacción humana?

A) 35 %
B) 55 %
C) 85 %

Según el Global Institute de McKinsey, la respuesta correcta es la C. En estos momentos, entre el 15 y el 20% del total de gasto de las compras ya se está realizando a través de *bots* automatizados. Para el año 2020, los clientes y vendedores gestionarán el 85% de la relación con las empresas sin precisar de interacción humana. Las compañías líderes están experimentando con esto, para ver qué puede hacer la tecnología por ellos (típicamente, procesos transaccionales al inicio del *customer journey*).

El resultado de esta automatización tan radical es que vamos a quitar todo aquello que no aporta valor en una negociación comercial (intercambio de datos de la empresa, características técnicas, etc.) y dejaremos ese 15-20% de las interacciones que de hecho son útiles para las dos partes de una relación comercial (comprador y comercial). En cualquier caso, esto significa que se va a conseguir liberar una cantidad de tiempo enorme para que nuestros vendedores lo dediquen a actividades realmente productivas pudiendo con ello mover la cifra de negocio.

Los robots compradores impulsados por inteligencia artificial se conectarán con robots vendedores para completar transacciones, que irán creciendo en complejidad, pero que requerirán de menor implicación humana. Es posible que unos datos de precios cada vez más transparentes se acoplen mediante tecnología para eliminar la necesidad de negociaciones emocionales (ya sé que el precio es un poco más elevado, pero es que el comercial me cae tan bien…) y liosas. Quizá dentro de muy poco podremos ver a un comprador que le dirá a un vendedor: «Pues me parece muy interesante lo que me ofreces, así que le voy a decir a mi robot que llame a tu robot para cerrar la venta».

Así que, el vendedor, a veces, sobra. Pero, cuidado, que el comprador también.

¿Qué sistemas van a estar al servicio de los comerciales?

Un ejemplo de automatización que está bastante extendido es la publicidad programática: en estos momentos, uno de cada cuatro anuncios digitales los negocia una máquina hablando con otra máquina en tiempo real. Vendedor desaparecido, comprador desaparecido.

Procter & Gamble es una compañía que se posicionó como adalid de este tipo de compra de espacios publicitarios. En su momento, revolucionó el mercado lanzando una previsión de que el 70 % de sus campañas serían programáticas en un futuro inmediato. Sin embargo, parece que están dando marcha atrás: las mediciones que están recibiendo a través de los *bots* son del todo falsas y, en ocasiones, su contenido «aterriza» sobre páginas contrarias a las características del producto (por ejemplo, se ha dado el caso de marcas de preservativos en canales de YouTube de vídeos ultracatólicos que hablan de las bondades y la santidad de la fertilidad humana). Así, en 2017 P&G decidió recortar un 90 % de la inversión que destinaba a publicidad programática, para reinvertirla en otros canales que sí pudieran controlar mejor, como las plataformas de anuncios de Amazon o Walmart, o directamente en televisión.

En nuestro país, según datos de IAB España, la inversión en compra programática fue un 14,25 % del display y un 17,92 % en vídeo, durante el primer semestre de 2016, con una total de 49,3 millones de euros, que representan un aumento de un 25,6 % con respecto al año anterior. Desde IAB esperan que en breve llegue al 50 %.

Esto nos lleva a reflexionar sobre el rol de los comerciales. ¿Quién va a vender esta publicidad, por ejemplo? Si me preguntas a mí, la respuesta es: el comercial tiene mucho futuro, pero, por necesidad, va a transformarse en un comercial distinto. ¿Cómo será un tipo de vendedor del futuro?

Quizá tu próximo comercial se parezca a Amelia. Amelia habla mucho, es capaz de gestionar 27.000 conversaciones a la vez en varios idiomas. Y lo puede hacer, básicamente, porque es un robot.

Amelia tiene unas características únicas de comprensión y toma de decisiones independientes que le permiten asumir una serie de roles que, hasta ahora, llevaban a cabo los humanos. A diferencia de otros agentes comerciales, Amelia entiende los conceptos transmitidos dentro de la información que lee y los transforma en conocimiento, al absorberlos en su memoria semántica. Entiende lo que quieres decirle, no solo lo que le has dicho cuando interactúas con ella.

Amelia (a diferencia de nosotros) no se inventa las cosas si le preguntan algo que no puede responder con certeza. Si esta situación se produce, llama a un colega humano y aprende cómo responder a esa pregunta en el futuro, con tan solo observar la conversación. Amelia detecta si el cliente está contento o enfadado y adapta su lenguaje en consonancia. Es decir, parece que Amelia tiene sentimientos, a diferencia de la persona de Movistar/Vodafone/Orange/Yoigo/MásMóvil que nos llama el sábado a la hora de la siesta para hacernos la oferta definitiva de fibra + móvil con 2,4 gigas de datos que no podremos rechazar y le da igual nuestro descanso.

Amelia es un sistema y está conectada con los sistemas de la empresa, así que gana al comercial habitual en casi todo, porque lo sabe todo de inmediato y actúa de manera lógica y coordinada.

Baumgartner, Hatami y Valdivieso, en su libro *Sales Growth*,[37] indican que las empresas que han apostado de forma pionera por el uso de la inteligencia artificial (IA) en ventas ya notan el impacto:

- Aumento de más del 50% en *leads* y citas.
- Reducción de costes del 40-60%.
- Disminución del tiempo de llamadas del 60-70%.

Es decir, sí, la IA liberará tiempo de los comerciales humanos y esto les permitirá dedicar más tiempo a otro tipo de tareas de mayor valor añadido. La IA está de moda, desde el AlphaGo de Google hasta el Amazon Echo. Son algoritmos muy avanzados, tanto que aprenden todo el rato. Están diseñados para aprender. Es lo siguiente a un algoritmo.

Y los vendedores humanos, ¿qué? ¿Van a desaparecer en el futuro? Por supuesto que no, pero se van a convertir en extensiones físicas de las Amelias de turno, trabajando en modo Jorge Javier Vázquez, con un pinganillo colocado en el oído (y puede que también con una tableta en sus manos conectada a internet) por el que van a recibir una asistencia artificial increíble en tiempo real, porque escuchará las preguntas del cliente y ofrecerá soluciones y propuestas adaptadas al caso particular, al acto.

Esto no es nada nuevo. Los comerciales lo llevan haciendo desde tiempos inmemoriales, pero es una labor que les lleva años: aprenden permanentemente escuchando lo que quieren los clientes. El problema es que antes se trataba de un conocimiento individual, único de cada persona, casi imposible de transmitir, no escalable y no formalizado. Sin embargo, la IA permite aprovechar TODO el aprendizaje realizado por TODOS los comerciales a la vez, y ponerlo a disposición de cada uno de ellos de forma individual.

El tema de las tendencias en tecnología en el sector B2B da para un libro en sí mismo. Voy a mencionar de forma breve algunos ejemplos de sistemas que resultan interesantes para comprender hacia dónde va a evolucionar el mundo de las ventas con el desarrollo del digital.

VoloMetrix usa el calendario de reuniones y metadatos de los mails para analizar cómo colaboran los empleados y cómo gestionan su tiempo, creando un conjunto de datos de alta resolución que complementa con herramientas tradicionales, como entrevistas, encuestas a las fuerzas de ventas, etc.

¿Para qué puede servir? Por ejemplo, los managers de una empresa de tecnología B2B teóricamente estaban enfocando sus esfuerzos a clientes potenciales de alto valor... pero solo teóricamente. VoloMetrix demostró que no: dedicaban un tercio de su tiempo a la parte más baja de la pirámide. También, los comerciales decían que estaban el 60% del tiempo semanal en reuniones o comunicándose con clientes, pero en realidad este porcentaje bajaba al 30% porque de hecho empleaban su tiempo en reuniones internas, enviar mails a no-clientes y a tareas administrativas. Con las cifras en la mano, pudieron realinear su fuerza de ventas y descubrir que estaba sobredimensionada. Lamentablemente, tuvieron que realizar despidos para reducir costes, pero la tecnología produjo un impacto claro en la dimensión de eficiencia.

GoToMeeting sirve para llamar o hacer videoconferencias. Han desarrollado una aplicación que usa reconocimiento de voz para escanear y analizar conversaciones entre comerciales y clientes existentes o potenciales (estaban en pruebas en julio de 2016). De esta manera, determinan qué comportamientos se relacionan con un éxito comercial, como una venta realizada, o una venta de gran volumen.

Aplicando el caso a una empresa real, determinaron que existían cuatro tipos de comportamiento que tenían más éxito que otros: por ejemplo, si los comerciales no repetían mucho las frases típicas de venta del producto, notaban que conseguían vender más. Con esto detectaron que, si un comercial utilizaba siempre las mismas palabras para definir las características del producto, vendía menos que si personalizaba la explicación para cada cliente, o usaba frases para empatizar con cada uno de ellos según su carácter. Es decir, la herramienta GoToMeeting validaba que el arte de vender tiene mucho que ver con el manejo y la transmisión de la información.

El software analítico de Lattice Engines usa datos de terceras empresas (Bloomberg, Dun & Bradstreet, Informa…) y de páginas independientes (con información sobre la legislación y entidades reguladoras, cambios en los ratings financieros, resultados financieros publicados, ofertas de empleo o tráfico en redes sociales). A través de un análisis predictivo, los algoritmos son capaces de indicar a qué empresas interesa llamar cuanto antes, o si es preferible esperar a otro momento para perseguirlas comercialmente.

Se ha demostrado que este tipo de software permite mejorar las tasas en las respuestas, cerrar más ventas y aumentar volumen de negocio, porque te hace el trabajo sucio de investigar el estado de una empresa (si yo vendo préstamos, puedo saber si la compañía a la que le quiero vender este producto está en un buen momento económico, tiene una necesidad puntual de tesorería o lo están pasando mal desde el punto de vista financiero).

La tecnología en las ventas siempre es un medio, no es un fin. Es un facilitador para conectar mejor con los clientes y, perdóname que me repita, es lo último en lo que debemos pensar. Lo primero es la necesidad humana que estamos solventando gracias a su uso.

La conclusión para mí es clara: uno de los retos para los directores comerciales va a ser averiguar precisamente qué es lo que quieren conseguir (el objetivo que persiguen), y elegir la herramienta adecuada de entre un gran volumen de opciones, que le ayudará a lograr este objetivo. Los nuevos directores comerciales deben entender cómo la tecnología les va a ayudar en su trabajo y, sobre todo, en el de sus equipos. VoloMetrix, GoToMeeting y el software de Lattice son tres ejemplos donde vemos cómo los algoritmos van a contribuir a gestionar la eficiencia y la eficacia de las fuerzas comerciales.

Estamos asistiendo al nacimiento de una nueva raza comercial que yo llamo los ALGO-RIALES (una mezcla, una fusión, entre algoritmos y comerciales). Estos dos van a ser buenos amigos en el futuro.

Por otro lado, lo que no podemos negar es que las webs de e-commerce en B2B, las buenas, van mucho más allá de la mera réplica de las funciones de un comercial, y han superado en muchos niveles lo que puede hacer un humano. Un comercial no puede monitorizar qué investiga un comprador y qué compra a gran escala, o hacer sugerencias para decenas de millones de combinaciones de precios y productos. Una web, sí.

Las buenas webs de B2B se van a distanciar más aún de los comerciales humanos en el futuro. ¿Cómo? Intuyo que de dos maneras:

1. Incorporando nuevas tecnologías que amplíen la interacción: las empresas B2B usan tecnologías para automatizar la recomendación de productos personalizados, negociando precio y facilitando la toma de órdenes.
2. Aprovechándose de la «sabiduría popular» online: compañías como Bazaarvoice o PowerReview hacen posible que fabricantes y distribuidores compartan *ratings* y *reviews* entre páginas web, ofreciendo información más completa a los compradores B2B. Nadie compra ya sin *ratings* y *reviews*.

El mensaje final aquí es que cada parte (tecnológica y humana) contribuirá en el proceso comercial, apoyándose una a la otra, sumando. Cada una deberá encontrar su espacio, en ocasiones de forma independiente y, en otras, unidas.

¡Atención, pregunta número 2!

2. ¿Qué porcentaje de compradores B2B utiliza el móvil durante el proceso de compra en la fase de investigación?

A) 25%
B) 34%
C) 42%

Según un estudio de Google y Millward Brown,[38] el 42% de quien investiga para comprar en B2B va a usar el móvil durante el proceso de compra. Y de estos, se ha producido un espectacular incremento del 91% en el uso en tan solo dos años durante TODO el proceso (no solo durante las fases iniciales de investigación). Además, un 49% lo utilizaba durante el horario de trabajo, no entre horas, o mientras viajamos de casa a la oficina. Es normal estar comparando precios, leyendo sobre productos, confrontando características o contactando vendedores en horario laboral, algo que me temo que hacemos sobre todo mientras estamos reunidos, porque nos aburrimos y queremos aprovechar el tiempo (o en el cuarto de baño, donde estamos reunidos con nosotros mismos). Cada vez se utiliza el móvil de una forma más intensiva en B2B: se han multiplicado por tres las solicitudes desde este canal y la tasa de compra ha subido un 22% en los últimos dos años según el mismo estudio.

Esto me lleva a la siguiente idea: con el digital se difumina la línea de compra, es decir, compramos 24 horas al día. También en el B2B. La compra, como vimos en el B2C, ya no es una actividad discreta que se produce cuando se encuentran un comercial y un cliente, ahora se ha convertido en una actividad ambiental. La hacemos (o podemos hacerla) todo el rato. Porque comprar no es solo apretar el botón de compra, sino todo lo que pasa antes y después de hacerlo. Y para eso el digital, en B2B, pesa y mucho.

La tecnología lo está cambiando todo, incluso la forma de probar, utilizar y (por supuesto) vender los productos B2B. Facebook compró Oculus en 2004 invirtiendo 2.000 millones de dólares porque, según Zuckerberg: *Virtual reality is going to change the way we live, and work, and communicate.* Si Facebook se gasta esta cantidad de dinero es porque ve que, tras esta tecnología, se esconden unas oportunidades tremendas. Una de ellas consiste, precisamente, en las demos de estos productos de la industria B2B. Parece que para usos profesionales, la realidad virtual puede tener una mejor acogida que entre particulares, donde por ahora está teniendo usos limitados.

¿Por qué? Porque la realidad virtual (VR), como la realidad aumentada o la realidad mixta, te permite experimentar proposiciones de alto valor, porque transporta a los clientes potenciales a un mundo mejorado para experimentar a gran escala y con grandes productos… por ejemplo, casos como ingeniería o aviación, donde es difícil comunicar productos muy voluminosos o con un coste de configuración de la infraestructura muy elevado. En B2B esto es muy interesante (más incluso que en B2C).

En una sesión en el IESE, uno de mis alumnos empleado de una PYME levantó la mano al ver un vídeo sobre cómo utiliza General Electric la VR para mostrar su fábrica de motores y turbinas en Carolina del Sur, y nos comentó su caso. «Nosotros tenemos las fábricas en China y, muy a menudo, llevamos a nuestros clientes a que las visiten para despejar las dudas que pudieran tener», explicó. «Pero, claro, desplazarse a China no es como visitar un polígono industrial en Alcorcón, Martorell o Zamudio. Así que nos hemos traído la fábrica a Madrid. Les ponemos unas gafas de VR y pueden ver la fábrica entera: comprueban que tenemos condiciones de trabajo saludable, que los trabajadores son profesionales, que está ordenada, limpia, que cumple la normativa... cuestiones de las que solo te fías cuando ves la fábrica por dentro. Esto tiene un valor increíble porque nos posiciona como una empresa de la que te puedes fiar para llevar a cabo la labor que nos encargues.»

O sea, que no hay que ser General Electric para sacarle partido a la VR en B2B. Va a ser que Mark tenía razón con lo de las oportunidades de negocio. La VR es una epidemia digital que se va a contagiar a todos los sectores. Déjame ponerte algunos ejemplos.

- *Finanzas.* Bloomberg está trabajando en resolver el problema del «espacio real limitado» de los terminales físicos. Un dispositivo de VR permite a los usuarios expandir pantallas a cualquier distancia, sin limitaciones o restricciones físicas, permitiendo la actualización e intercambio de datos financieros de forma más rápida y adaptable. Se acabaron las cotizaciones en bolsa en tamaño ilegible en la pantalla de nuestro ordenador de toda la vida, porque tienen un problema: si estás frente a ellas muchas horas, te acabas mareando (aunque un alumno me dijo que, con las gafas de VR puestas, había probado algo de este estilo con varias pantallas virtuales en paralelo con datos financieros y le había dado un dolor de cabeza monumental; de hecho, me comentó que, pasados pocos minutos, te las has de quitar porque es agobiante).

- *Arquitectura.* Los edificios se pueden crear antes de que existan, proporcionando a los contratistas, diseñadores o arquitectos más información, e incluso la sensación real del espacio. Es más, también les permiten ver con exactitud, tanto antes de construir como una vez finalizado el edificio, las diferentes capas constructivas (instalaciones eléctricas, cañerías, etc.), por dónde van todas «las tripas», sin tener que abrir agujeros en paredes.

- *Viajes.* Los agentes de viaje del futuro podrán usar gafas como las Oculus Rift para dar a los clientes una sensación casi real de su destino. Podrán andar por un resort, ver sus habitaciones, restaurantes o piscinas, antes de comprometerse o pagar un depósito. O incluso calmar los miedos de las personas que se resisten a viajar a algunos lugares. Esto es especialmente relevante para las convenciones de empresa. Antes, ir a la convención anual de tu compañía significaba que eras alguien en la empresa. Era un premio (¿premio?) por haber hecho bien las cosas. Solo las personas de menos rango dejaban de ir (porque no hay presupuesto para que vengan todos a un paradisíaco hotel de la costa durante tres días con los gastos pagados). Ahora los curritos de este mundo podrán asistir igual, pero con gafas. De hecho, igual cambia lo que es un premio en las empresas. Si lo haces bien te quedas y asistes solo con las gafas, y si lo haces mal te toca irte de casa tres días y convivir con todos los jefes.

Según investigaciones del Stanford's Virtual Human Interaction Lab, las simulaciones de VR pueden ser motivadores poderosos para impulsar el comportamiento de compra de las personas. También en situaciones muy peculiares. Imaginemos la típica cena de gala benéfica en el Carnegie Hall, en Nueva York. Esmóquines, trajes de noche de alta costura, competiciones para ver quién lleva los Manolos más caros. ¿Cómo consiguieron más donaciones de los asistentes al evento? Les pusieron unas

Oculus y les hicieron ver las escuelas y los proyectos que iban a poder construir con sus donaciones. Al realizar esta inmersión en los problemas reales de las personas, se redujo la frivolidad inherente a este tipo de eventos, por lo que se consiguió que los participantes realizaran un mayor esfuerzo en las donaciones. No es lo mismo que te cuenten un problema, que verlo con tus propios ojos.

Lo más bonito de esta tecnología es que llega en un momento clave para nosotros: cada vez hay una mayor dificultad en destacar en un entorno online, saturado por miles de contenidos y protegido por *adblockers*. La VR permite capturar totalmente la atención del cliente para mostrarle cuál es ese factor que hace que tu producto sea excepcional. En un mundo de distracciones, la VR te permite volver a tener cautiva a la audiencia.

La realidad virtual es el *blocker* de los *adblockers* en B2B.

Las personas

Unos investigadores de la Universidad de Oxford, en su estudio «The Future Of Employment: How Susceptibles Are Jobs To Computerization?»,[39] trataron de entender cuán susceptible es tu trabajo de ser computarizado en los próximos 20 años (no sé qué haré la semana que viene, pero estos investigadores son capaces de predecir qué trabajos quedarán en dos décadas, fascinante). Es decir, cuáles son las posibilidades de que un programa informático, un algoritmo o un robot pueda realizar tu trabajo y, lamentablemente, sustituirte, porque lo hace todo mejor o igual que tú. Y sin quejarse, no como otros.

PROBABILIDAD DE QUE LOS ROBOTS HAGAN TU TRABAJO ANTES DE LOS PRÓXIMOS 20 AÑOS
1 = 100% de seguridad

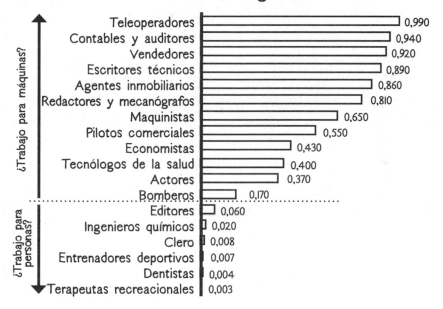

Fuente: University of Oxford.

En el gráfico anterior, si la cifra se acerca a 1, significa que tienes muchas posibilidades de que tu trabajo vaya a ser realizado en el futuro por algún tipo de máquina. Como ves, los teleoperadores lo tienen muy mal (ya vimos en páginas precedentes el caso de Amelia, por ejemplo). Si tienes un familiar o un amigo contable o auditor, avísales porque tampoco se dirigen hacia un futuro muy halagüeño, no sea cosa que no lo sepan. Y en tercer lugar tenemos a los vendedores, que están lejos de tener asegurado su futuro. Atendiendo a este estudio, quienes tienen una profesión de futuro, no susceptible de ser computarizada al menos, son el clero, los dentistas o los terapeutas recreacionales. Dios, dientes y ocio. Ahí debemos enfocar a nuestros hijos en sus estudios.

Centrando el tema en el mundo comercial («Yo he venido a hablar de mi libro», como diría Francisco Umbral), ¿van a desaparecer los vendedores?

No, todos no. Simplemente, aquellos que sobrevivan van a ser unos vendedores distintos. No olvidemos que la tecnología siempre ha cambiado la forma de trabajar de los comerciales: el primer vendedor viajante iba en carromato, después comenzó a utilizar el ferrocarril y luego el automóvil para ampliar su alcance geográfico. Cada generación de vendedores ha abrazado las tecnologías que se abrían paso, como el teléfono, el ordenador o el móvil, en un intento de conectar cada vez mejor con el cliente. Si las tendencias tecnológicas continúan progresando al ritmo actual, las fuerzas de ventas tienen que adoptar estos avances de forma constante y creativa.

Este tema de cómo integrar la tecnología en el proceso de venta lleva muchos años discutiéndose, e insinuando que el vendedor va a desaparecer. Por ejemplo, *The New York Times* publicó en 1916 un artículo sobre si se continuaban necesitando vendedores, y en el libro *The Vanishing Salesman*, escrito en 1962 por E. B. Weiss,[40] se advertía sobre el peligro de la desaparición de los comerciales. ¡Llevamos más de 100 años dándole vueltas a lo mismo!

En 1916, el «enemigo» era el desarrollo de la publicidad: «La publicidad produce mejores resultados que el método antiguo de la venta personal». «Las cosas eran diferentes antiguamente, antes de que el ferrocarril convirtiera a las granjas en ciudades… el vendedor viajero es un intermediario, y la evolución de los negocios está eliminando gradualmente a los intermediarios.»

En 1962, la «preocupación» se centraba en los autoservicios y la posibilidad que se le daba al consumidor de elegir él mismo, sin necesidad de pasar por un vendedor: «Entramos en una nueva era de la autoselección y autoservicio». «Las compras anticipadas, el *branding* y la publicidad eliminarían la necesidad del vendedor tradicional.»

Los vendedores son como la energía: ni se crea, ni se destruye. Únicamente se transforma. Al margen de que dispondrán de más tiempo libre y estarán apoyados por tecnología en su trabajo diario, como hemos visto al inicio de este capítulo, el grado de transformación tendrá que ver con el arquetipo de vendedor B2B al que nos refiramos. Hoy en día, según un magnífico estudio de Forrester sobre el fin del comercial,[41] podemos distinguir cuatro tipos distintos de vendedores B2B:

- Los «Me-lo-apunto»: Dígame lo que quiere, que será más o menos lo de siempre, rápido, que tengo prisa. Ej: el vendedor que sirve botellas de refrescos a un bar.
- Los «Yo-le-digo-cómo-hacerlo»: Operan en un entorno complejo pero dinámico, y se especializan en mapear organizaciones, asegurar compras institucionales y apalancarse en relaciones personales.
- Los «Yo-se-lo-explico»: Al tratarse de un producto más complejo, pero un entorno sencillo, toman una aproximación mucho más centrada en el producto que deseas comprar.
- Los «Pata Negra»: Son típicamente los mejores de los mejores en el sector de compras B2B, porque toman una aproximación más estratégica, a menudo persuadiendo a los compradores. Son los que no solo detectan una necesidad, sino que la generan (la venta de los servicios de un banquero de inversión que es capaz de convencer a su cliente de invertir aquí o allí).

Estos vendedores atienden, a su vez, a cuatro tipos de clientes:

- Los «Tráemelo» se emparejan de forma sencilla con los «Me-lo-apunto». Un ejemplo típico es el de un granjero que tan solo pide con regularidad varias bolsas de un fertilizante estándar, que ya ha comprado antes varias veces.

- Los «Dime-cómo-lo-hago» se alinean con los «Yo-le-digo-cómo-hacerlo». Por ejemplo, una cooperativa de granjeros que junta recursos para hacer una gran compra (varias toneladas) de fertilizante estándar.
- Los «Cuéntamelo» necesitan un modelo del tipo «Yo-se-lo-explico». Por ejemplo, un director de tecnología que quiere comprar un ERP para su empresa, pero no entiende todas las características o pros y contras de las opciones de una propuesta. Este tipo de cliente requiere una cantidad desproporcionada de información, que solo los «Yo-se-lo-explico» le pueden dar.
- Los «Necesito-inspiración» quieren un vendedor de tipo «Pata Negra». Por ejemplo, un equipo de *stakeholders* internos de una empresa que exploran de forma colectiva la primera compra de la licencia para un ERP.

Me-lo-apunto — Tráemelo
Yo-le-digo-cómo-hacerlo — Dime-cómo-lo-hago
Yo-se-lo-explico — Cuéntamelo
Pata Negra — Necesito-inspiración

Hace tiempo que se dice que el número de comerciales va a disminuir sustancialmente. Por ejemplo, en 2015 Forrester lanzó una predicción apocalíptica sobre la desaparición de un millón de vendedores en Estados Unidos para el año 2020. Un ejemplo en este sentido lo encontramos en la industria farmacéutica: entre 1995 y 2013, las 5 top despidieron a más del 55% de sus vendedores en Estados Unidos, según datos publicados en la *Harvard Business Review*.[42]

¿Van a continuar todos los comerciales? ¿Cuál tiene más números de desaparecer? ¿Alguno de los perfiles de vendedores aumentará su cuantía?

Para responder a estas preguntas, primero es necesario dar un paso atrás para ampliar nuestro campo de visión. A pesar de las agoreras predicciones de Forrester, el Bureau of Labor Statistics (BLS, una agencia del Gobierno de Estados Unidos que concentra los datos relativos a economía y las estadísticas laborales) publicó en 2012 que el número de vendedores era el mismo que en 1992, justo coincidiendo con el nacimiento de internet, por cierto.

Si acercamos el foco, lo que, sin embargo, está sucediendo es una reordenación en el volumen de comerciales dentro de las 4 categorías comerciales. Es decir, unas tipologías de vendedores van a sufrir más que otras. Según Forrester,[43] los vendedores Pata Negra sí que van a aumentar. Felicidades, hay trabajo a mansalva para ellos, e incluso podemos decir que van a hacer falta más vendedores de este tipo que los que hay actualmente en el mercado. En cambio, los otros tipos de vendedores sufrirán, y puede que más del 25% de empleos no sean necesarios en pocos años (los más sensibles serán los que menos valor aportan para el comprador), generalmente los Me-lo-apunto. Estos van a padecer con los entornos transaccionales en el B2B. Porque si tu función se limita a anotar pedidos de una compra sencilla (sin complejidad técnica ni valor añadido comercial), lamentablemente no será necesario que la lleve a cabo un ser humano. Es cierto que la visita de una persona puede impulsar más la venta, pero una parte de las transacciones, si son sencillas, es probable que en el futuro se vayan a meter directamente en una plataforma online de ventas.

¿El bar de la esquina necesita que le visite cada dos por tres un comercial para repetir el pedido? Tengo clara la respuesta por mi actividad de consultoría: está claro que, si un homínido vendedor visita un bar, venderemos más. Comprobado. Lo que pasa es que hemos de preguntarnos si la visita es (o será) rentable. Por ello intuyo que iremos viendo cómo se segmenta el trabajo de los «Me-lo-apunto», desarrollando plataformas de compra online en paralelo a su actividad de vendedor. Se les visitará, pero es probable que menos (basta que lo haga una vez al mes cuando tenga que ofrecerle algo especial) y con un objetivo comercial distinto a tomar un pedido.

Conclusión: Si eres una empresa que tiene muchos comerciales Me-lo-apunto, es probable que en el medio plazo su número baje porque los sustituirás por e-commerce. De ello se deriva una consecuencia algo perversa para este tipo de vendedores: necesitarás integrarte con los clientes, es decir, convencerles de que utilicen un e-commerce para comprarte tus productos, algo a lo que no están acostumbrados algunos clientes. Para ello, habrá que ayudar (o empujar, según se mire) en el inicio, y durante un tiempo, a aquellos clientes reacios a utilizar estas plataformas de autogestión. Eso lo deberán lograr los comerciales Me-lo-apunto, que ya no venderán tu producto, sino soluciones de integración. Al mismo tiempo, los comerciales Me-lo-apunto a la larga serán despedidos porque si compran por la plataforma su trabajo no será necesario. Un final funesto. Por ello, intuyo un reto gigante para los gestores de estas figuras comerciales porque con ello los vendedores Me-lo-apunto estarán favoreciendo destruir su propio trabajo.

Adicionalmente, con independencia del perfil del vendedor que tengas, si vendes un número pequeño de referencias tendrás especialmente difícil el desarrollo de una plataforma de venta de tus productos para tu base de clientes, porque estos no querrán tener centenares o miles de pequeños proveedores a los que ir comprando tu producto a través de una plataforma de compras. Van a querer lo de toda la vida: que alguna empresa les integre la oferta para comprar de forma más sencilla. Es decir, si yo vendo martillos para rocas muy muy duras y no vendo nada más, voy a necesitar integrarme con otros productos que puedan hacer falta a mi posible comprador para que este se interese por mi plataforma de compra.

Por ejemplo, Serhs vende soluciones integrales de hostelería: desde el café hasta la carne, pasando por las servilletas, los palillos y la sal. A través de un software en la nube, el cliente puede comprar todos los productos que necesita su establecimiento, lo que le simplifica muchísimo la vida al no tener que tratar con «el del café», «el de la carne» y «el de las servilletas». Estos, por muy buenos que sean, o se integran con otros proveedores, o lo tienen muy difícil.

Y este tema de la integración con los clientes no está muy bien planteado en el entorno B2B. Debe de ser por eso que en el estudio de Accenture «Building The B2B Omni-Channel Commerce Platform Of The Future»,[44] realizado a 526 empresas B2B y 930 compradores en Canadá, Francia, Alemania, Estados Unidos y Reino Unido, en organizaciones de al menos 1.000 empleados, aparece que el 49% de los compradores profesionales prefieren hacer compras relacionadas con trabajo en webs B2C. Es decir que, si tengo que comprar sillas para la oficina, miro antes en ikea.com que en compramueblesdeoficina.com que, en general, tiene un diseño, oferta y estructura de contenidos que dejan bastante que desear. Que no apetece. Que da bajón. De hecho, atendiendo a este sombrío panorama, el 83 % de los vendedores de empresa a empresa que respondieron a la encuesta están en proceso de mejorar o implementar su e-commerce, o planean hacerlo en los próximos 6 meses. Buenas noticias, quieren mejorar. ¿Tú también? No tardes en hacerlo por lo que leerás a continuación.

Amazon y B2B: ¡que viene el coco!

Unos principiantes (Amazon) que están empezando a dedicarse a esto de la venta B2B online se han dado cuenta de por dónde va el futuro. Esta empresa lanzó en 2012 AmazonSupply de forma discreta para atender el mercado B2B. En 2014 ofrecían ya 2,2 millones de productos en 17 categorías, desde artículos de limpieza hasta tuberías de acero. Y en mayo de 2015 estrenó Amazon Business para potenciar y sustituir la web anterior, reforzando su apuesta por el sector. Un año más tarde ya habían alcanzado los 1.000 millones de dólares en ventas, con un crecimiento del 20% mensual, ofreciendo ya 9 millones de productos específicos para la empresa, que vendían a sus 300.000 usuarios registrados. Eso sí... todavía estaba lejos de eBay, que también en la primavera de 2016 reportaba ventas anuales de 4.000 millones, y 7 millones de productos específicos B2B.

Amazon está muy interesado también en el negocio del B2B, hasta el punto de haber desarrollado todo un sistema de trato con el cliente completamente distinto que el de B2C. (Véase la tabla siguiente, donde comparo las dimensiones de la oferta de Amazon B2B y de Amazon B2C.)

	AMAZON «NORMAL»	AMAZON B2B
TIEMPO DE ENTREGA	Gran variedad, desde una hora urgente (de pago), hasta entrega lenta (varios días)	Urgente con Prime, o gratuita a los 2 días (compras >49$)
VOLUMEN	Precios regulares	Descuentos por volumen
CATÁLOGO	Más de 400 millones de productos	Sin datos, pero se calcula que unos pocos millones
GESTIÓN DE CUENTAS	Un usuario. Posibilidad de incluir o no NIF	Cuentas multiusuario, procesos de aprobación, órdenes de compra
PAGOS	Tarjeta de crédito, cheques de regalo	Tarjeta de crédito, cheques de regalo, línea de crédito, cuenta de cheques, a contra reembolso
IMPUESTOS	Sin posibilidad de modificación	Fácilmente aplicables a las compras exentas de impuestos
OTROS		Analíticas de compra, «guardar» proveedores, enlazar sistemas, reconciliar transacciones, etc.

Fuente: elaboración propia, a partir de información publicada en amazon.es.

¡Atención, pregunta número 3!

3. ¿Qué proporción de compradores B2B encontramos, frente a los que prefieren tratar con comerciales, que prefieren valerse por

sí mismos usando el digital durante la fase de búsqueda de información?

A) El triple
B) Cuatro veces más
C) Cinco veces más

No nos vengamos arriba: la solución correcta es la A.[45] Y en sí misma es una tragedia: el triple de compradores prefieren interactuar con una máquina que con un ser vivo. Es decir, les interesa más aprender y valerse por sí mismos que hablar con representantes de ventas para que les expliquen su oferta de productos y servicios. Es más, la mayoría de los compradores dicen que comprar online es más cómodo que comprar a un comercial. ¿Preferimos el bit a la molécula, el chip al corazón, la máquina a la persona? ¿Qué nos está pasando? ¿Hacia dónde va el ser humano? ¿Estamos perdiendo la batalla de los sentimientos vs. la racionalidad? No, sencillamente queremos controlar como compradores el proceso de compra, que nos den autonomía.

Por ello, según Forrester, el 60% de los compradores afirman que prefieren hacer sus búsquedas online y no interactuar con un vendedor como principal fuente de información. Menos del 20% de los compradores decían lo contrario, que sí preferían un comprador: ¡la proporción es tres veces menor!

Estos datos quieren decir que en uno de cada dos procesos comerciales en donde hay un cliente interesado en comprar algo, el vendedor no se entera de nada porque el comprador va por libre, sin avisar (qué mala persona, ¿eh?). Es decir, el comercial no existe, no huele la oportunidad.

Otros datos que apoyan la idea de la autonomía del comprador B2B en digital los encontré en el estudio de Google, «The Changing Face of B2B Marketing»[46] (cojamos con cautela los datos porque evidentemente la fuente es la que es, pero de todos modos me parecen interesantes): el 89% de las personas que buscan comprar en B2B utilizan internet durante el proceso de compra. Me sorprende que aún no sea el 100%: debe de ser que existe una aldea poblada por irreductibles compradores que resiste todavía, y siempre, al invasor digital. Quizá lo que buscan no lo quieren escribir en el famoso buscador, no sea cosa que les cause problemas (se me ocurre que a lo mejor quieren comprar uranio, pero del de Danone, del enriquecido, y esto no es aconsejable decirlo muy alto).

Por tanto, si «solo» la mitad de los compradores quieren tratar con los vendedores, ¿cuándo tiene sentido utilizarlos?

Los compradores aún necesitan ser atendidos por comerciales cuando quieren realizar:

- Una compra compleja: por ejemplo, cuando requiere una instalación, o un servicio de post-venta sofisticado y que exija entender bien qué entra y qué no entra en el mismo (reparaciones, piezas, manos de obra…).
- Cuando se haga aconsejable negociar (y tú como vendedor estés dispuesto a negociar).
- Al hilo del punto previo, cuando haya alguna negociación de precio: en este caso, el 91 % prefieren interactuar con un comercial. ¿Por qué? Compradores y vendedores entran en un juego en el que ambos creen que conseguirán un beneficio (uno consigue cerrar el trato o colocar servicios extra, y el otro consigue un mejor precio).
- Cuando sea una compra de precio muy elevado: 2 de cada 3 compradores entrevistados prefieren cerrar la compra con una persona si la transacción es por cantidades elevadas.

O sea que, por el momento, para la búsqueda pesa más el digital, pero para cerrar el trato pesa más el comercial.

Hemos decidido prescindir del comercial como gurú enciclopédico al que le puedes preguntar cualquier cosa sobre cualquier producto, pero aún preferimos finalizar nuestra compra con él porque nos fiamos más de una persona que de una máquina cuando hay dinero (bastante) de por medio.

Porque lo más increíble es que, aunque los compradores quieren comprar online y pasan mucho tiempo investigando sus compras en digital, el 91 % de las ventas B2B tienen lugar offline. Quizá se deba a que solo el 25 % de las empresas B2B venden activamente online, según el propio US Bureau of Labor Statistics, de modo que los compradores viven en un mundo digital, pero los vendedores se han quedado en el capítulo de *Cuéntame* correspondiente al año 1965, y siguen tan felices en un universo retro centrado en el comercial-humano. Es decir, los vendedores obligan a sus clientes a usar sus canales y no se supeditan a los canales que quieren sus clientes. Los que sigan por este camino lo tendrán más complicado en el futuro, porque si sus competidores dan más opciones, sus clientes se moverán en esta dirección.

Por supuesto, en esta contraposición «compradores digitales vs. vendedores de *Cuéntame*» existen diferencias entre categorías: unas avanzan a mayor velocidad que las demás[47] en ofrecer propuestas de venta online y han salido de la década de los sesenta para adentrarse en la era moderna. La primera es la de los vehículos de motor. En el número 2, las piezas de vehículos, para dejar en tercer y cuarto lugar los suministros eléctricos y electrónicos, junto con el grupo de la maquinaria, los equipamientos y los suministros en general. En cuanto a la penetración, las dos categorías más invadidas por el digital con una proyección de alcanzar el 20 % en 2020 son los medicamentos y productos farmacéuticos, y los equipos eléctricos y electrónicos.

Así que, poco a poco, las empresas compradoras y las empresas vendedoras acabarán por tener la misma edad digital. Y avanzaremos mucho más rápido si respondemos correctamente a la siguiente pregunta: ¿qué buscan las empresas que quieren relacionarse y, potencialmente, transaccionar con otra empresa de forma online?

Pues se interesan por cosas como estas:[48]

PRINCIPALES CARACTERÍSTICAS Y FUNCIONES QUE ESPERAN LOS COMPRADORES B2B

Página web	Ratings	Recomendaciones	Integración
60%	58%	50%	42%
Funcionalidad de búsqueda mejorada	Muestra ratings y reviews	Mejora de productos personalizados o servicio de recomendaciones	Integración con sistemas back-end

Fuente: Accenture.

¿Tienes de todo esto en tu empresa, funcionando a pleno gas?

Me temo la respuesta, pero antes de que me la des, lamento comunicarte que te lo voy a poner un poco peor. Todo esto que acabas de leer es acumulativo, nunca sustitutivo. Es decir, no podemos ponernos a desarrollar el e-commerce pensando que así acabaremos con las fuerzas de ventas.

Por tanto, traigo malas noticias para los directivos de B2B que estén leyendo el libro: con el digital, vuestra vida se hace más compleja y, por lo tanto, más difícil y miserable. Porque el desarrollo del digital asociado a las ventas no va a sustituir a la actividad comercial de los vendedores. Al menos, no de todos.

Me explico dando un paso atrás: en los últimos años parece que lo que está de moda en B2B es hablar de la relevancia de la transformación digital, mientras criticamos lo lentos y débiles que somos en nuestra empresa a la hora de apoyar estas iniciativas. La realidad, según un estudio de McKinsey, es muy cruda.

Solo el 7 % de las empresas entienden cómo extraer el valor del digital. Menos del 40 % de los ejecutivos tienen criterios de medición de lo que es el éxito en digital. De hecho, puedo corroborar este segundo dato porque, en una investigación que hicimos desde el IESE con mi colega el profesor Mario Capizzani, descubrimos que la mayoría de los comités de dirección no tienen una definición homogénea de lo que es éxito cuando se abordan temas de digital. Es decir, para uno es aumentar base de clientes o ganar margen (métricas de negocio), otros hablan de *engagement* (son en esencia tres cosas, según el profesor Mikolaj Piskorski de la Harvard BS: ver, crear y compartir, referidas en general a la comunicación) y para otros, por ejemplo, es sencillamente «no lo sé/no lo he pensado». Maravilloso.

Esta situación de que todo va a ser digital (sin un criterio claro) se evidencia cuando se oyen según qué cosas en el comité de dirección de una empresa: «No estamos seguros de qué objetivos tenemos o cómo calcular el ROI en digital, ni quién será el responsable, pero vamos a invertir en digital e ignorar los costes de oportunidad». Es decir, no sabemos hacia dónde ir ni cuál es la meta en digital, ni tampoco cómo hacerlo o con quién, pero vamos todos juntos hacia quién-sabe-dónde. Es absurdo, pero está pasando.

Esto podría llevarnos a pensar que los comerciales son menos relevantes y que gracias al digital debemos prescindir de ellos.

Pero los comerciales, a pesar del digital, no van a desaparecer. Tengamos en cuenta que en Estados Unidos las empresas invierten anualmente en fuerzas de ventas:[49]

3 veces más que en toda la publicidad al consumidor
20 veces más que en todos los canales online
100 veces más que en todas las redes sociales

Vender (los vendedores) es la parte más cara de la estrategia comercial de una empresa. Por lo tanto, las fuerzas de ventas NO han sido reemplazadas por las redes sociales u otras herramientas de internet.

Los vendedores tienen y tendrán mucho futuro. De hecho, déjame poner sobre la mesa un dato relevante: sorprende comprobar que en las empresas tecnológicas más conocidas (como Facebook o Google, por ejemplo) una parte considerable de los empleados está en el departamento de ventas, y no solo en tecnología. Es decir, que incluso en las empresas que han nacido digitales cien por cien, los comerciales por ahora siguen teniendo un peso significativo. Mientras unas empresas despiden comerciales, otras nuevas los reclutan. Así las cosas, el número total de vendedores B2B parece que no ha variado, como decía más arriba.

Lo que seguramente va a pasar es que los trabajos de los comerciales van a cambiar. Como van a cambiar todos nuestros trabajos, en realidad.

Vendedores con más tiempo para vender

Los cambios se enfocan en automatizar actividades, más que tareas individuales. Lo potente es que la escala de los cambios puede provocar una disrupción profunda en el trabajo de todos, incluido el de los comerciales.

Un estudio[50] de McKinsey sobre el futuro del trabajo, tras analizar 2.000 actividades típicas de un puesto de trabajo «tipo», ha llegado a la conclusión de que muy pocas profesiones van a verse totalmente sustituidas por las máquinas, menos de un 5 %. Eso sí, en torno al 60 % de nosotros vamos a ver liberados un importante porcentaje de nuestro tiempo gracias a la automatización. Hablan de que podemos liberar de media, como mínimo, el 30 % del tiempo. Y los comerciales no escapan a esta transformación. Veremos, pues, cómo los cambios se enfocarán en automatizar actividades, más que tareas individuales.

De hecho, el 40 % del tiempo dedicado a tareas de ventas puede ser automatizado simplemente adaptando tecnologías que ya existen. Si avanzaran las tecnologías que entienden y procesan el «lenguaje natural» (¡las Amelias, las Amelias!) hasta llegar al nivel de un humano medio, las tareas automatizables subirían al 47 % del tiempo actual. ¿Puedes imaginártelo? ¡Comerciales con el 50 % del tiempo libre! ¿Para qué lo utilizamos? ¿Para vender más o para reducir a la mitad la plantilla? Yo lo tengo claro: comenzaría intentando vender más. Trataría de ver qué parte del trabajo es un valor añadido y querría que los comerciales se enfocaran en ello, dejando el resto en manos de las obleas de silicio.

Por ejemplo, tres cuartas partes del tiempo de los vendedores (ojo, ¡el 75 % del tiempo!) se destina a las siguientes tareas, que pueden ser automatizadas con muy pocos problemas porque, en su mayoría, son tareas de administración comercial (repetitivas, monótonas y de poco valor añadido):

- Recopilar información del cliente o del producto para determinar necesidades.
- Procesar ventas y otras transacciones.
- Reunir órdenes de producto de clientes.
- Preparar ventas u otros contratos.

Esto que acabo de explicar lo conozco porque pertenezco desde hace años al consejo de Globalpraxis, una consultora con más de 20 años de vida, especializada en temas de *route to market* y *revenue growth strategies*. En los últimos 20 años la firma ha desarrollado más de 500 proyectos en todo el mundo con grandes compañías multinacionales (normalmente de tamaño grande), asesorándoles en su actividad comercial, es decir, ayudándoles a vender más. Pues bien, al hilo de que el vendedor va a cambiar, he efectuado una investigación[51] analizando años de datos acumulados en proyectos en los que hemos efectuado acompañamientos a vendedores para saber qué hacían en el día a día (lo sé, es muy raro, pero cada cual tiene sus aficiones), en 35 países y con 4 tipos de roles comerciales. Yo mismo he participado en algunos de estos proyectos y acompañamientos. El objetivo era dimensionar y comprender a qué dedican su tiempo los vendedores del siglo XXI. Puedo asegurarte que lo dedican a casi todo, menos a vender. La mayor parte, a actividades no productivas de lo que llamo «venta pura».

Menos del 30 % del tiempo de la jornada de un comercial es cara a cara con un cliente. La mayoría de los vendedores están tan solo entre un 20 y un 45 % del tiempo en el punto de venta (estar ahí no significa vender). De este porcentaje, normalmente el tiempo que están delante de un cliente (es decir, tiempo de calidad para colocar el producto) oscila entre un 9 y un 25 %.

Sí, sí, has leído bien: hay industrias donde están solo el 9 % del tiempo cara a cara con el posible comprador. ¿Se podría decir, por tanto, que los vendedores no dedican el tiempo a vender? Bueno, todo depende del cristal con el que se mire.

MENOS DEL 30% DE LA JORNADA DE UN COMERCIAL ES CARA A CARA CON EL CLIENTE

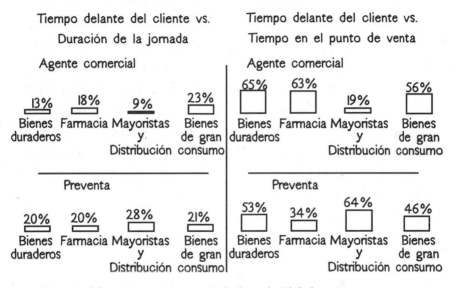

Tiempo delante del cliente vs.
Duración de la jornada

Agente comercial

13% Bienes duraderos   18% Farmacia   9% Mayoristas y Distribución   23% Bienes de gran consumo

Preventa

20% Bienes duraderos   20% Farmacia   28% Mayoristas y Distribución   21% Bienes de gran consumo

Tiempo delante del cliente vs.
Tiempo en el punto de venta

Agente comercial

65% Bienes duraderos   63% Farmacia   19% Mayoristas y Distribución   56% Bienes de gran consumo

Preventa

53% Bienes duraderos   34% Farmacia   64% Mayoristas y Distribución   46% Bienes de gran consumo

Fuente: elaboración propia a partir de datos de Globalpraxis.

Porque, para mí, la conclusión más importante del estudio es otra. Los vendedores siguen siendo muy necesarios. No podemos culparles de que dediquen su tiempo a cualquier cosa, menos a vender. Eso es una consecuencia. El origen son las instrucciones que reciben. Porque los que mandan les obligan a dedicar su tiempo a otras cosas que no son vender, vender y vender. La «culpa» la tienen quienes les dirigen. En estos tiempos, los comerciales deben ser utilizados como armas de precisión. Tienen que ser misiles teledirigidos por los jefes para convertirles en instrumentos de venta masiva. Y es que el rol de los vendedores es escuchar al mercado. El de los directivos debería ser escucharles a ellos. Pero desde los despachos se oye fatal; debe de ser que tienen un aislamiento acústico muy fuerte. Así que invito a los jefes a salir de su oficina y subirse a un camión de reparto a las 5 de la madrugada. O a darse una vuelta de ruta con un distribuidor, bajando al barro. Es la única manera de tener una foto precisa de cómo sacar el máximo partido a los vendedores. De esta forma se les cambiarían muchas ideas que tienen en la cabeza sobre la labor comercial. Como, por ejemplo, que los diferentes roles comerciales tienen un comportamiento parecido. Y es todo lo contrario. Si un agente comercial actúa igual que un preventista, o un autoventa hace lo mismo que un televenta, la estrategia de ventas está mal diseñada. Los directivos tienen que decidir, por ejemplo, si quieren a alguien que haga muchas visitas pero más ligeras (un agente comercial) o pocas pero más profundas (lo habitual de un preventista). Y eso solo lo pueden hacer si entienden la realidad desde la trinchera comercial. Porque vender es muy complejo.

Otro de mis mitos favoritos, que contribuyo a desarmar con la ayuda de este estudio, versa sobre el tema de que una misma industria funciona de la misma manera en todos los países. Por ejemplo, en gran consumo es bastante alucinante: en América del Sur convierten en pedidos el 81 % de las visitas. Y en Asia, el 49 %. ¿Los sudamericanos son grandes vendedores o es que los asiáticos visitan rápido e insisten poco, por un tema cultural? No se pueden sacar conclusiones generalistas, hay que analizar en profundidad. Solo si nos adentramos en las causas, podremos tomar las decisiones correctas. (Véanse a continuación gráficos fruto del trabajo de analizar acompañamientos a vendedores con resultados sorprendentes.)

EL TIEMPO DEDICADO POR LOS COMERCIALES A ACTIVIDADES NO PRODUCTIVAS ES MUY ELEVADO

Tiempo de desplazamiento
(% de la duración de la jornada)

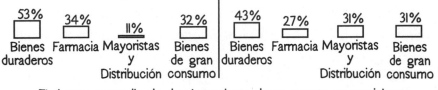

Agente comercial				Preventa			
53%	34%	11%	32%	43%	27%	31%	31%
Bienes duraderos	Farmacia	Mayoristas y Distribución	Bienes de gran consumo	Bienes duraderos	Farmacia	Mayoristas y Distribución	Bienes de gran consumo

El tiempo promedio de desplazamiento de un agente comercial es de 22,3 minutos, mientras que para un pre-seller es de 10,8

Tiempo en base
(% de la duración de la jornada)

Agente comercial				Preventa			
6%	15%	18%	14%	7%	2%	14%	12%
Bienes duraderos	Farmacia	Mayoristas y Distribución	Bienes de gran consumo	Bienes duraderos	Farmacia	Mayoristas y Distribución	Bienes de gran consumo

Tiempo de pausa
(% de la duración de la jornada)

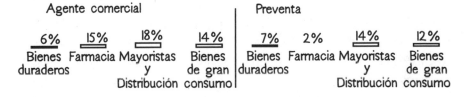

Agente comercial				Preventa			
21%	23%	1%	9%	11%	13%	10%	10%
Bienes duraderos	Farmacia	Mayoristas y Distribución	Bienes de gran consumo	Bienes duraderos	Farmacia	Mayoristas y Distribución	Bienes de gran consumo

El tiempo de pausa del sector farmacéutico es mucho más elevado que el del resto de los sectores (2,5 horas los agentes comerciales)

Fuente: elaboración propia basada en 510 acompañamientos de 6 industrias de 35 países en 4 continentes.

Las capacidades del vendedor del siglo XXI

El vendedor del siglo XXI va a cambiar, comenzando por dedicar más tiempo a vender del que emplea ahora, porque la tecnología se lo va a permitir. El desarrollo del digital va a liberar horas de su jornada que podrá dedicar realmente a aquello que aporta valor a la empresa y que es por lo que le han contratado: vender. Por tanto, este nuevo vendedor tendrá que evolucionar en sus capacidades.

Por ejemplo, deberá enfocarse más en gestionar excepciones, ambigüedades, usar el juicio, y definir las estrategias y preguntas que las máquinas ayudarán a responder, así como a gestionar la relación cada vez más compleja de la red de trabajadores, vendedores, colaboradores y clientes.

Todas estas cuestiones las deben tener en cuenta los jefes, los directivos comerciales. En este sentido, es especialmente interesante que ellos, los mandamases de ventas, desarrollen unos protocolos claros para gestionar las situaciones más valiosas o más complicadas, aquellas en las que vale la pena asegurar que un vendedor humano participe y, con ello, no perder ventas importantes debido a la automatización.

Estos vendedores del siglo XXI continuarán teniendo una personalidad empática, ya que siempre es un valor cultivar la habilidad de las relaciones personales. También deben seguir teniendo lo de toda la vida: aportar ideas nuevas, visión de empresa, ser unos excelentes comunicadores y buenos jugadores de equipo (sobre este último punto hablaré más abajo). Pero con eso no basta. Más allá de todo ello, deberán también basar su éxito en dos nuevos factores:

- Su habilidad para entender e interpretar datos (muchos o quizá todos).

- Abrazar la tecnología hasta el punto de trabajar efectivamente con la IA y ser capaces de moverse con velocidad en busca de nuevas oportunidades (perfiles muy diferentes a los que se buscan hoy en día). Incluso comprobaremos en el futuro que los comerciales van a desarrollar una especie de *machine intelligence*. El *machine learning* y las herramientas de automatización permitirán buscar, cualificar y ejecutar muchísimas más oportunidades de ventas de las que los vendedores tradicionales son capaces de llevar a cabo. Es decir, veremos un tipo de vendedor ampliado por un cacharro (nada nuevo bajo el sol, lleva siendo así desde hace centenares de años: las máquinas ayudando a los humanos, en este caso, a vender más).

El problema es que nuestros vendedores de hoy en día, en general, no son extremadamente duchos abrazando la tecnología o aprovechando los datos. Estas capacidades brillan por su ausencia. Porque se trata de algo nuevo, sobrevenido como parte esencial de su trabajo. Pero se puede aprender.

Para conseguir vencer este *gap* de talento, los jefes de las áreas comerciales tienen que preparar planes para entrenar a sus vendedores a adquirir los talentos necesarios para cubrir estas necesidades que se están desarrollando. En todo caso, se van a necesitar estrategias más creativas en los programas de integración, *training* y desarrollo.

Respecto al trabajo en equipo de los comerciales, del que he hablado un poco más arriba, debería ser una realidad habitual en el mundo de la venta, tanto entre los propios comerciales como con otras áreas de la empresa. Sin embargo, por mi experiencia debo reconocer que considero que no es tan frecuente como desearíamos. Y en mi opinión se debe a la naturaleza misma del trabajo del vendedor, porque a él se le mide y recompensa por una cuestión esencialmente: ventas. En particular, las ventas que ha hecho ese vendedor y no otro. Si vendes, sobrevives, y si no, mueres. Eso quiere decir que tu misión es una y única: vender. Como sea. Y es más fácil a corto plazo vender solo que acompañado.

El marketing gana peso en el B2B

En este punto vale la pena dar un paso atrás para hablar de un problema habitual en la mayoría de las compañías del mundo B2B en lo que se refiere al departamento comercial en relación con otro departamento de la empresa con el que trabaja (o debería) de forma estrecha: marketing.

Estamos entrando, acelerado por el digital, en una nueva era en el mundo B2B que va a cambiar totalmente el rol de este departamento que, a día de hoy, importa muy poco. Si hacemos un poco de historia (y también parodia), esta área en las compañías B2B estaba poco dimensionada, compuesta muchas veces por un único profesional que acostumbraba a estar poco cualificado («el que vale, vale, y el que no, a marketing» he llegado a escuchar). Esta era una persona agradable, el clásico tipo majo, que estaba desesperado porque no le hacía caso nadie y, además, era muy pobre porque no le daban casi presupuesto. Su vida, por obligación, estaba entregada al noble arte de la papiroflexia en su versión más mundana: la creación de folletos y catálogos de toda clase y condición, con sus colores, sus gramajes y sus papeles verjurados o estucados mate. Recuerdo perfectamente una conferencia que di en una empresa donde el director comercial (que mandaba y mucho), en la introducción del siguiente ponente, que era el director de marketing, utilizó un tono condescendiente, diría yo, incluso paternalista, diciendo que era el chaval de los colores, que hablaba de logos y fotos. Tendrías que haber estado ahí. Muy triste.

Usando un concepto del genial profesor de comercial Jose Segarra, del IESE, esto es markÉting, con acento en la «É» y no marketing. Haciendo un símil, si marketing fuera todo un edificio de 10 plantas, la tarea que en demasiadas ocasiones se encomienda a este departamento sería, quizá, el espacio que ocupa un armario. Algo que, debiendo estar bien hecho, es minúsculo. Apenas sin impacto en el conjunto.

Pues bien, esto está cambiando de forma progresiva. De hecho, la transformación digital ha disparado el papel del marketing en el proceso comercial y la innovación en la venta profesional. Las empresas B2B que solían innovar desde el punto de vista técnico, lo más normal era creando nuevos productos, ahora también están innovando, por ejemplo, en la búsqueda de *insights* del consumidor. Esto lo están empezando a hacer las compañías que van a la vanguardia. Aquellas que quieren entender el mercado para poder dar soluciones mejores a sus clientes. Y esto es responsabilidad de marketing, para alimentar a las fuerzas de ventas y a los departamentos de diseño de producto. Como lo es trabajar cada vez más la segmentación de clientes, la generación de demanda y los *leads* que nutren al embudo comercial.

En mi opinión, en los próximos años, en el entorno B2B, el marketing empezará a dominar la agenda de los vendedores, orientando completamente su acción. Ayudando a que vendan más. Esto es así en muchas otras industrias. Y cada uno, vendedores y marketing, tiene su rol y su espacio en un trabajo conjunto, donde unos deberán sofisticar la materia gris para conectar con el mercado (marketing) y los otros (vendedores) deberán ser extraordinarios ejecutores en el terreno de la venta.

Dicho de otro modo, sabiendo que la ingeniería y la tecnología están en la base de muchos negocios B2B, vamos a ver cómo los *marketers* no van a ser ingenieros, pero sí deberán ser capaces de orientar la acción del vendedor. ¿Cómo? Analizando datos, diseñando flujos de información para crear *leads*, segmentando a los clientes, y observando y aprendiendo el comportamiento que tienen. Si las decisiones se solían basar en la intuición, ahora están mucho más basadas en datos.

Pensad que, obviamente, en el mundo digital no hay espacio para empresas poco coherentes y mal alineadas: en internet es fácil observar cuándo tienes propuestas distintas por mercado, precios diferentes, servicios de atención al cliente dispares... y a largo plazo, acaba pasando factura.

Así las cosas, el profesional de marketing B2B también va a necesitar desarrollar una fuerte relación con el departamento de tecnología para poder explotar las analíticas y nuevos canales, y de esta manera poder personalizar más la experiencia del cliente. Será importante también una buena relación con el equipo financiero... para conseguir canalizar los cambios (sobre todo si el departamento financiero es —sorprendentemente, quién lo hubiera dicho— escéptico sobre el valor que puede aportar este nuevo departamento de marketing en B2B).

Por todo ello, como conclusión, veo un futuro en B2B con áreas potentes en marketing trabajando codo con codo con ventas. Incluso me atrevo a decir que marketing, en B2B, se encargará de diseñar la estrategia de producto, el precio y la promoción. Y ventas, de ejecutar lo que diga marketing, incluyendo el mercado al que dirigirse. Veo un futuro cercano de marketing y ventas trabajando juntos. Se acabó la época en la que cada dirección va por su lado, desconectada de la otra. Marketing va a ganar peso.

Por lo tanto, me atrevo a dar un consejo para el equipo comercial: asóciate cuanto antes con el equipo de marketing porque ellos te van a dar luz, te van a guiar para vender más. Con ellos debes tratar de entender bien el *customer journey* del cliente e identificar cuáles y cómo son las etapas iniciales del proceso respecto de las etapas posteriores. Es en esta fase primigenia del acto de compra cuando el cliente profesional toma muchas decisiones, y ya hemos visto en páginas previas que aquí el comercial no interviene porque el cliente prefiere gestionarse solo. En este punto será clave el equipo de marketing, porque son ellos los que pueden tratar de influir en el cliente y dejarle en bandeja al comercial ese posible comprador para que cierre la venta. Así que hay que alinear marketing y ventas para que cada uno influya en diversas etapas del proceso comercial, sin dejar de atender ninguna. En muchas ocasiones, marketing influirá en los momentos online del *customer journey* y ventas lo hará en los offline.

Esto requerirá alinear estrategias en los mensajes y posicionamiento de todo el proceso comercial (antes, durante y después de la venta). Es decir, ambos tipos de profesionales (marketing y ventas) deben crear una visión conjunta del proceso comercial, de pre-venta, de venta y de post-venta, para retener y tener más lealtad del cliente, creando valor.

Relacionado con todo lo anterior, en la actividad comercial (marketing + ventas) veremos cambios interesantes.

Por un lado, al comercial le pagarán un variable en función del algoritmo que sea capaz de crear. Ese algoritmo servirá para vender en el on o también en el off.

Por el otro, surgirán figuras híbridas entre marketing puro y ventas. Algunas empresas que conozco están creando la figura del *e-trade marketing manager*, a medio camino entre ventas (conversión) y marketing (*lead generation*). Son profesionales que van a manejar mucha información de todo tipo y la van a convertir en valor para sus empresas. Por ejemplo, ayudando a generar contenido: la nueva piedra filosofal de la venta en B2B.

¿Comerciales o content managers*?*

Maersk es una empresa danesa que opera en 130 mercados, con 90.000 empleados y 50.000 millones de euros de facturación, con diferentes líneas de negocio. Una de las más importantes es la que se refiere a la logística y el transporte marítimo con contenedores. Cada año, Maersk se enfrenta a un desafío bestial: el mar Báltico se congela, pero la compañía es capaz de navegar en situaciones extraordinariamente complejas y asegura la entrada de las mercancías en el puerto de San Petersburgo. Esta congelación del mar puede llegar a alcanzar hasta un metro de grosor, lo que hace que las otras compañías de transporte suspendan sus actividades. Maersk, no. Maersk sigue.

¿Cómo darle notoriedad a este hecho único? Maersk comunicaba a sus clientes y a sus potenciales clientes su disposición a enfrentarse a los peores temporales utilizando técnicas clásicas de marketing (folletos demostrativos, apoyo a la red comercial, envío de correos electrónicos...) hasta que a alguien del equipo de ventas se le ocurrió una idea: en uno de los peores temporales de frío que se recordaban en esa zona, contrataron a un fotógrafo profesional para desarrollar contenido visual sobre la travesía de la forma más atractiva posible y publicarlo en sus redes sociales (que hasta el momento no habían utilizado para vender) con el hashtag #wintermaersk, explicando la historia de cómo atravesaban las capas de hielo del mar Báltico en tiempo real (finales de 2011, principios de 2012) y de forma muy visual, muy atractiva. Las fotos iban acompañadas de un link con más información sobre la historia, y si el potencial cliente (actual o nuevo) tenía interés adicional en los servicios antihielo de Maersk, podía hacer un último clic para descargarse un PDF con información comercial. Esto les permitió, para su sorpresa, conseguir 150 contactos de clientes interesados en sus servicios, lo que es una barbaridad para este sector tras una actividad de marketing.

Además, lograron disparar el número de seguidores en las redes sociales, multiplicando el conocimiento de la marca y la cercanía, tanto entre empleados (una buena parte de sus seguidores) como con clientes existentes, posibles, profesionales de la industria o simplemente fans de los barcos.

¿Por qué tuvo éxito esta acción? La clave radica en que Maersk habla de una forma notoria (y, a mi juicio, no comercial) de las cosas que les interesan a sus clientes, no de lo que le importa a la propia empresa naviera. Parece trivial, pero en B2B estamos cansados de ver ejemplos de compañías que acuden a las redes sociales «a hablar de su libro»: sus productos, sus tarifas o sus ofertas. (Lee esto poniendo una voz lo más engolada posible: «150.000 empleados. En los cinco continentes. 18.000 millones de facturación».) Y esto, ¿a quién le importa? A mí lo que me interesa es que me des el servicio que espero.

La estrategia se basó en generar un ecosistema con todos sus canales sociales trabajando junto a otros como eventos o e-mailings. Todos juntos, el on complementando al off y viceversa. No es sustitutivo, es acumulativo.

«O sea que todo esto del digital ¿todavía me va a costar más?» Mi respuesta a los directores financieros que buscan el ROI (qué me va a costar y qué me va a devolver) en cada proyecto es «¿Podemos permitirnos no hacerlo?», donde el ROI financiero se transforma en *Return On Ignorance* (una idea cuyo *copyright* pertenece a los colegas del departamento de sistemas del IESE y que me parece muy adecuada).

De momento, por este camino, Maersk tiene 1.100.000 seguidores en Facebook, 126.000 en Twitter, 177.000 en Linkedin y 61.000 en Instagram. ¡No está nada mal para unos canales sociales que hablan de contenedores!

Y tú, ¿cuántas actividades de *content marketing* desarrollas en tu empresa?

- Contenidos de redes sociales
- *Case studies*
- Blogs
- E-newsletters
- Eventos presenciales
- Artículos en tu página web
- Vídeos
- Ilustraciones/Fotos
- Libros blancos
- Infografías
- *Webinars/webcasts*
- Presentaciones online

Estas son las técnicas más populares, pero hay muchas más. De media, las empresas exitosas utilizan 13 tipos de *content marketing*. Quizá estés pensando: «Ya, Pablo, si esto me parece muy interesante. Pero si se lo intento vender a mi jefe, me va a decir que él no utiliza esas cosas». Puede ser. Pero ¿y los jóvenes? ¿Ellos no toman ninguna decisión en B2B?

En los últimos años se ha producido un cambio interesante: no solo cambia cómo se producen las decisiones de compra B2B, sino también quién es responsable de ellas. De hecho, ya en 2014 los clientes de entre 18 y 34 años representaban casi la mitad de los compradores B2B, cifra que, pensamos, será mayor hoy.

Y es que Google realizó un estudio con Millward Brown Digital:[52] entrevistó a 3.000 compradores B2B y unió los datos obtenidos a los conseguidos en 13 meses de estudio de secuencias de clics del panel digital de Millward Brown. Y al comparar los datos con los obtenidos en el mismo estudio realizado dos años antes, advirtieron un gran cambio en la demografía de las búsquedas en B2B.

CAMBIO EN LA DEMOGRAFÍA DE BÚSQUEDA B2B

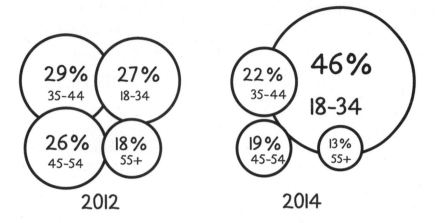

Fuente: Google.

O sea, que los *millenials* importan en B2B. Debemos considerar que esta generación es diferente de las anteriores: los más viejos del grupo nacieron hacia 1980, lo que significa que no conocen el mundo sin el internet moderno. Y cuando empezaron a trabajar, la mitad de la población ya usaba el email de forma regular, las BlackBerrys ya estaban en el mercado y los buscadores eran parte imprescindible del día a día. Si no estás trabajando tu marketing B2B para este grupo, necesitas reevaluar tu estrategia, teniendo en cuenta su familiarización con el digital y cómo influye esto en el tipo de contenido y canales que usan.

Muchas estrategias de marketing B2B se enfocan típicamente en ejecutivos sénior y *C-suite*. Estas estrategias ya no son tan efectivas, debido a que el ecosistema de *influencers* (sí, en B2B también hay *influencers*, no solo de Dulceida y de El Rubius vive el mundo de la influencia) ha cambiado mucho. Si bien los ejecutivos sénior siguen siendo los que toman la última decisión en el 64 % de los casos, también los *no-C-suite* tienen la última decisión en un 25 % de las ocasiones. Pero lo que es más importante: de aquellos que no son supersénior, el 81 % tienen cierta influencia en la toma de decisiones (en mayor o menor medida). Son los que preparan el informe para el jefe y que, por tanto, condicionan la decisión.

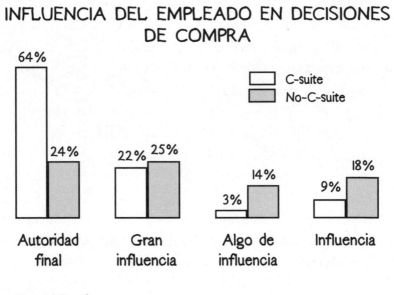

INFLUENCIA DEL EMPLEADO EN DECISIONES DE COMPRA

Fuente: Google.

Por ejemplo, con los vídeos de la campaña «Built For It» de Caterpillar la marca entendió que su audiencia B2B era ahora más joven y online, y por eso crearon una campaña más humana, accesible y relevante, fuera del código habitual en B2B. ¿O es muy normal en el entorno *business-to-business* realizar piezas publicitarias que incluyan jugar al Jenga con bloques que pesan más de 250 kilos, utilizando carretillas elevadoras? El tono, la edición, el mensaje es completamente distinto de lo que esperaríamos en una campaña convencional de este tipo de maquinaria.

Mito que conviene desterrar lo antes posible es que el vídeo solo se ve para conseguir más notoriedad al inicio del proceso comercial. La realidad es que el vídeo se ve durante todo el proceso de compra: hasta el 70 % de los compradores y buscadores de información B2B lo hacen así (lo que supone un incremento del 52 % en los últimos dos años).

Y no son solo visionados cortos: según datos de YouTube, en Estados Unidos la mitad de las personas que investigan ven 30 minutos o más de vídeos durante el proceso, y casi el 20 % ven más de 1 hora de contenido. De hecho, los vídeos de B2B en 2014 en ese país se vieron en acumulado unas 895.000 horas.

¿Y qué atrae su atención? Vídeos sobre:

- Características del producto
- El «cómo hacer»
- *Reviews* profesionales

Las personas ven los vídeos de YouTube porque les resultan útiles. Por otro lado, a las empresas les va bien porque estos vídeos extienden la conversación: después de verlos se comentan con los colegas, se busca más información, se visita la tienda o web de la empresa, o incluso se comparte. Esto significa que hay que producir contenido que ayude a aprender, comparar, investigar y compartir en procesos de compra B2B. Como Caterpillar.

Así que, si vuestro hijo o hija os dice: «Papá, yo quiero ser *youtuber*», no le digáis que no. Decidle que sí, pero de hormigoneras. Eso tiene mucho futuro. ¿Te atreves, hij@?

Para desarrollar esta actividad de *content marketing*, cada vez más relevante en el B2B del siglo XXI, Paul Roetzer, en su libro *The marketing performance blueprint*,[53] decía que hay 15 competencias clave para una organización de marketing moderna:

- Programación
- *Copywriting*
- Análisis de datos

- Email marketing
- Planificación de eventos
- Diseño gráfico
- Gestión de *leads*
- Estrategia móvil
- Gestión de medios de pago
- Relaciones públicas (prensa)
- SEO
- Redes sociales
- Planificación estratégica
- Producción de vídeo
- Gestión de webs

Fíjate en que, de estas tareas, hasta 9 podríamos decir que tienen un componente digital (las señaladas en gris).

Muchos perfiles. Mucho trabajo. Y también muchos sueldos. Hay que evaluar a fondo los costes del marketing digital antes de unirse a la moda. El *content marketing*, como cualquier otra actividad dentro de la empresa, es complejo, lento y caro.

Según PayScale, el salario promedio[54] (en Estados Unidos, aquí calculo que estaríamos hablando de un 60-70% de estas cantidades, aproximadamente) actual de «alguna» de las posiciones que deberías incorporar son:

Gestor de contenido	62.930 $
Estratega de contenido	62.000 $
Gestor de analíticas de marketing	109.784 $
Community manager	47.797 $
Gestor del diseño web	58.604 $
Especialista en producción de vídeos	51.576 $
Gestor de diseño gráfico	76.000 $

Estos salarios —por cierto, nuevas profesiones comerciales—, con una media de 69.956 $ (casi 70.000 $), hacen que el promedio de referencia para un comercial de campo (53.000 $) parezca una ganga.

Por tanto, no te precipites con la actividad de *content marketing*. No hay nada peor que comenzar algo y dejarlo a medias. Montar un equipo o un área de *content marketing* no es sencillo, ni barato. Realiza una evaluación a fondo de los costes y recursos asociados con los esfuerzos necesarios para generar contenidos adecuados para tu marca.

Y si, una vez efectuada dicha evaluación, consideras que debes seguir adelante porque el *content* es una pieza clave en tu estrategia para conectar con tus clientes, entonces te recomiendo que sigas estos pasos:

1. *Habla de ventas, conectando los beneficios del* content marketing *con las preocupaciones y objetivos de tu organización.* Consigue, en primer lugar, que los ejecutivos te compren la idea (de hacer *content marketing*). Si tu empresa todavía está en la edad oscura de las redes sociales, el primer paso hacia el éxito no es crear una página de Facebook, sino educar a los ejecutivos sobre los beneficios del social media. No existe el cambio cultural desde las bases: el cambio tiene que venir de la cumbre.

   Si el sénior manager no acaba de creer en el valor de este trabajo, aléjate de términos como «seguidores» o «*engagement*», y habla de cómo pueden las redes sociales ayudar a conseguir objetivos de negocio (generar *leads* y facilitar conversiones).

2. *Prepara los procesos y recursos adecuados.* Crea una estructura de gestión que soporte un desarrollo rápido del contenido, y construye un flujo de trabajo y de aprobación

potentes. Es importante darle al equipo libertad de reinventar el departamento de marketing y proporcionar recursos para poder crear un equipo que tenga agilidad.

3. *Define tus objetivos.* El primero debe ser escuchar y optimizar la monitorización, detectar dónde están hablando tus
clientes potenciales y sobre qué temas hablan, antes de crear
estrategias que mejoren la percepción de marca e identifi-
quen *leads*.

4. *No te precipites con un discurso de venta.* En el mundo B2C
se tiende a generar primero notoriedad de marca, pero en
B2B, sin embargo, se intenta llegar muy rápido a la venta.
Esto ahuyenta a los compradores. Las empresas tienen que
concentrarse en construir una audiencia fuerte y proporcionar información valiosa. Y en el momento adecuado,
con suficiente cultivo plantado, llegarán las ventas. Primero van las relaciones y después las transacciones.

5. *Desarrolla una estrategia para compartir el contenido, no solo
para crearlo.* Al incluir también el proceso de difusión, puedes acabar pensando en qué tipo de contenido crear para
que sea más viral o fácil de difundir.

6. *Determina tus analíticas y cómo seguirlas.* En vez de usar los
típicos KPIs y herramientas de B2C, en B2B necesitas buscar
las métricas que más se adecuen para ti. Es importante recordar que influir en una compra B2B con contenido social es
mucho más valioso que hacerlo en B2C, ya que una única compra puede valer centenares de miles de euros. No se trata solo
de «impresiones y compartido equis veces», sino de entregar
leads cualificados, tasas de conversión de ventas y beneficios.

Como he adelantado en el punto 4, esto va de construir relaciones para conseguir después las transacciones. Permíteme desarrollar esta idea con un ejemplo porque es importante en la venta B2B. Imagínate que te invitan a una fiesta y estás conversando tranquilamente con unos amigos. De repente, entro, invado tu grupo y me presento: me llamo Pablo y vendo seguros. ¿Qué pensarías tú de mí? Probablemente me encasillarías en alguna de las siguientes categorías, a saber:

A) Este es un imbécil.
B) Este es un idiota.

Sin embargo, si me acerco a tu grupo, me presento, me uno a la conversación y, en un momento dado, te oigo hablar sobre que el seguro de tu coche es un desastre y que quieres cambiar de compañía, me intereso y al final de la fiesta te doy mi tarjeta «porque creo que te puedo ayudar en esto», seguramente no pensarías que soy un estúpido, sino que te quiero ayudar. O no, pero la decisión la tomas tú. El mundo del contenido y en general el del marketing (digital o no) es construir relaciones. Las transacciones ya vendrán.

A pesar de que el *content marketing* y las redes sociales asociadas con su actividad han ganado protagonismo en los últimos años, insisto en que no conviene perder el foco: las redes que importan más para vender no son las sociales, son las de ventas.

Según los artículos del profesor F. Céspedes y la directiva T. Bova publicados en la HBR, «Sales Still Matters More than Social Media», «What Salespeople Need to Know About the New B2B»,[55] los clientes siguen queriendo tratar con personas que les ayuden a tomar la decisión de compra (especialmente cuando es una venta compleja que exige el apoyo de un vendedor Pata Negra). Esta interacción es la más influyente en su proceso de compra según se desprende de su investigación:[56]

LAS ACTIVIDADES DE MARKETING B2B MÁS INFLUYENTES

En promedio, los compradores de las empresas dicen que las interacciones directas con los proveedores influyen en sus decisiones de compra más que cualquier otra cosa

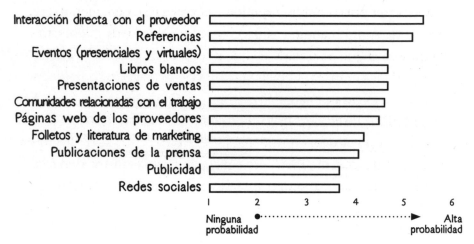

Fuente: Hank Barnes y Tiffani Bova.

La conclusión a toda la sección sobre el futuro de los vendedores y el departamento de marketing en el mundo proceloso del B2B es para mí la siguiente:

Los vendedores no han sido reemplazados por lo digital, siguen siendo clave en la mayoría de los escenarios B2B. Esto va de sumar marketing digital (donde el *content* es una pieza más) junto con vendedores, para lograr conectar mejor y vender más. Hay que lograr la consistencia entre canales. Por ello, marketing y ventas deben asociarse y trabajar juntos en el B2B mucho más que ahora. Esto es clave porque los compradores B2B cada vez se deciden más en etapas iniciales del proceso de compra, así que hay que alinear ambos tipos de profesionales, marketing y ventas, porque los primeros capturan el interés de los clientes en el online y se lo pasan a los vendedores para que estos rematen la jugada en el offline. Esto requiere alinear la estrategia y la operativa entre ambas áreas.

Dependiendo del momento, del paso en el que estés en el proceso de compra, la complejidad del producto a comprar, o si es primera compra o compra repetida, debemos tener en cuenta que esto va de sumar canales: el on con el off. No puedes descartar ninguno. Lo que ha pasado es que internet realinea las tareas de ventas, no las elimina. Los comerciales no desaparecen, pero los procesos de venta están cambiando.

Esto puede ser el gran granero de la creación de puestos de trabajo de «vendedores» y de un nuevo grupo que liderará las ventas del futuro: los «marketin-dores», la nueva raza de vendedores que entienden de marketing y viceversa.

El nuevo jefe del área comercial

Hemos hablado de que hay nuevos roles en el área comercial, de las capacidades de los vendedores, de cuál es el nuevo enfoque que tendrán los departamentos comerciales y también de los retos de los directivos en esta transición, pero ¿cómo va a ser el nuevo director comercial?

Los compradores B2B están cada vez más orientados hacia el digital, así que los líderes de ventas y marketing B2B tienen que actuar ya para proporcionar a sus fuerzas de ventas un *reset* digital, o arriesgarse a quedarse rezagados.

El nuevo Chief Commercial Officer deberá tener un profundo conocimiento (y, si fuera posible, experiencia y sensibilidad) en tres campos complementarios: marketing, ventas y tecnología.

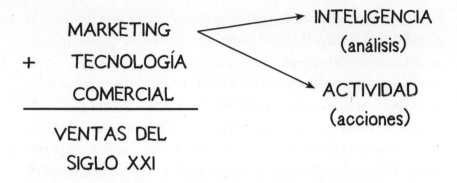

MARKETING

+ TECNOLOGÍA

COMERCIAL
_____

VENTAS DEL
SIGLO XXI

INTELIGENCIA
(análisis)

ACTIVIDAD
(acciones)

En la intersección de las tres surgirá su fuerza, que se dejará sentir en el mercado y en las ventas. De hecho, en la HBR lo llaman «Chief Marketing Technologist» (CMT), y ellos consideran que es un profesional que es capaz de combinar capacidades estratégicas junto con habilidades de director creativo, líder tecnológico y profesor. Una joya, vamos.

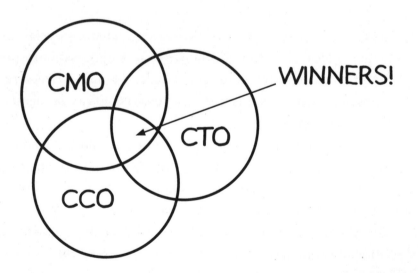

Algunas empresas ya cuentan con un perfil parecido: Kimberley-Clark tiene un *Global Head of Marketing Technology* y SAP un *Business Information Officer for Global Marketing*. En ambos casos este perfil es el que alinea las tecnologías que se usan en marketing con los objetivos de negocio que persigue la empresa.

El nombre es lo de menos: los buenos CMT tienen una visión tecnológica del marketing y las ventas. Al inicio del capítulo, en el apartado titulado «Los sistemas», hemos comentado que el director comercial debe elegir qué tecnología es necesaria utilizar para conseguir los objetivos comerciales que se plantean en la empresa. Ellos entienden, por ejemplo, que a medida que crece el marketing digital y el e-commerce, hay que reemplazar los *touchpoints* tradicionales.

El CMT es un evangelista y un influenciador, dos cargos de mucha responsabilidad. Puesto que es necesario que transmita de forma efectiva su visión del marketing a personas de perfiles muy diferentes, desde un comité de dirección hasta los ingenieros, desde los comerciales hasta los clientes más conservadores, tendrá que demostrar capacidad de trabajo en equipo, personalidad para tejer redes de colaboradores y capacidad para unir el conocimiento y las habilidades de funciones diferentes. Para mí se trata de un agente de cambio, un integrador más que cualquier otra cosa.

El CMT «fuerza» a las empresas a crear servicios alrededor de productos-*commodity*, trascendiendo la venta de productos y servicios en lo que se conoce como producto y servicio extendido. Esto es así porque, a medida que los productos estén disponibles cada vez en más puntos de distribución y los precios se vuelvan generalmente más transparentes, las empresas B2B se verán forzadas cada vez más a diferenciarse y generar beneficio más allá de lo habitual. Por eso crearán, por ejemplo, más garantías asociadas al producto, darán más servicio de post-venta o atención al cliente, desarrollarán seguros para el transporte o introducirán diversas opciones de financiación.

Amazon ha demostrado que se puede crear un negocio sin tiendas y sin vendedores físicos. Los nuevos responsables comerciales en B2B solo van a sobrevivir si son capaces de hacer evolucionar fuertemente su propio modelo de ventas (o disrumpirlo en algunos casos).

Las prácticas de ventas y marketing B2B están en un punto crítico y los ejecutivos tienen que analizar con rigor las circunstancias para poder reformular sus esfuerzos con criterio.

La solución no es despedir a todos los vendedores, sino contribuir a integrar ciertas competencias del marketing digital junto con los comerciales de campo. Esta es la responsabilidad de los directivos: ayudar a sus equipos de trinchera.

A corto plazo, los directivos de las empresas B2B se deberán enfrentar a la necesidad de tomar una serie de decisiones que permitan integrar sus procesos de venta on y offline. Una tarea, por encima de todas, es la que he visto que les quita el sueño: la venta directa. Es decir, la gestión de canales. Es decir, el margen. Es decir, su variable a final de año, porque en función del margen lo van a cobrar o no. Es decir, deben definir la fisonomía comercial de su empresa. Porque si quieren seguir vivos en el siglo XXI, es más que probable que impulsen la venta por e-commerce, para lo cual deberán decidir si quieren hacerlo en igualdad de condiciones con el mundo offline desarrollando una buena web de autoservicio, con recursos y con profundidad de gama. Y esto le obligará a re-pensar cuándo debe visitar el vendedor a los clientes, o mejor dicho, a qué clientes.

No hay Plan B para el B2B; hay que integrar on y off.

Los procesos

¿Recuerdas el gráfico que muestra la diferencia entre dónde se captura el valor y dónde se genera de la página 47?

En B2B esta diferenciación es exactamente igual de relevante que en B2C. No es tan importante dónde se cierra la venta, como el proceso que ayuda a cerrarla. La tecnología puede ayudarnos a hacer seguimiento de lo que pasa entre (esa es la clave, «entre») la creación de valor y la captura de valor. Debemos procurar que la tecnología nos permita mapear al cliente y hacer que los vendedores entren en el momento adecuado para cerrar la venta.

Las empresas B2B tienen que entender que deben desarrollar un *customer journey* para cada uno de los segmentos de cliente. ¿Sabes cuántas lo hacen? Cuando formulo esta pregunta en una clase o en un foro abierto, siempre digo lo mismo: «Si más de un 5 % de la audiencia levanta la mano, es falso». Parece un tema básico, a estas alturas de la economía digital, pero no lo es. Como leemos en un artículo del Boston Consulting Group, «Five Selling Secrets of Today's Digital B2B Leaders», el 95 % de las empresas no tienen bien definidos sus *customer journeys* deseados y menos aún por segmento de cliente y actividad que este desarrolla (no es lo mismo comprar la primera vez que la vez 74). Obviamente esto desemboca en una experiencia frustrante para el cliente. Está muy bien entender que es distinto dónde se crea y dónde se captura el valor, pero si ni siquiera somos capaces de mapear cómo compra nuestro cliente, vamos mal.

Por eso, las compañías que saben lo que hacen diseñan *customer journeys* de baja fricción, afinados a la perfección, donde cada actividad de marketing y ventas contribuye a la experiencia global: saben con exactitud qué tipo de experiencias quieren entregar en cada uno de los pasos. Esto es especialmente relevante con el uso de los medios digitales, porque tenemos que investigar qué webs consultan nuestros clientes en primer lugar, dónde se informan, qué foros visitan… para interpretar qué tipo de información les tengo que hacer llegar. En el mundo digital es más fácil llegar a los clientes, pero es mucho más complicado acertar el momento del proceso comercial en el que se encuentran.

Antes el vendedor se enfocaba muchísimo al inicio del *funnel*: su trabajo era buscar *leads* y convertirlos en *prospects*. Hoy en día puede tener que redirigir sus esfuerzos a diversos puntos a lo largo de todo el proceso del embudo comercial como, por ejemplo, cerrar *prospects* calientes, proporcionar *follow-up* y cultivar relaciones a largo plazo con el servicio de post-venta.

Para atraer a compradores, los vendedores deben ofrecer un amplio espectro de opciones. Por ejemplo, el comprador B2B, como tú y como yo cuando queremos comprarnos una aspiradora de esas que navegan sin control en modo coche de choque, arrasando con los reposapiés de nuestras sufridas mansiones, te va a comprar donde quiera, cuando quiera y como quiera. Por ello, necesitas crear una infraestructura comercial flexible y escalable que incluya desde servicio únicamente web hasta vendedores *full-service*, pero también modelos híbridos.

Es una pena, pero no nos podemos escapar de nada. Porque si la compra es barata y la búsqueda es sencilla, los compradores B2B prefieren opciones *self-service* (lógico). Pero si la transacción es más compleja, se decantan por opciones *full-service* con vendedores y agentes de atención al cliente que trabajan por teléfono y en persona (lógico, también). Es decir, tenemos que tener de todo. No podemos renunciar a nada.

Los profesionales B2B asumen que pasando compradores del off al online van a canibalizar sus ventas… pero, como aparece en el estudio de Forrester «The Case for Omnichannel B2B»,[57] realizado con 370 empresas, no siempre es así. Cuando suman al offline el online, un 60 % de los clientes gastan más dinero si tienen más canales para interactuar. Y si compran online, acaban aumentando su gasto offline.

Además, como dice el citado estudio, más de la mitad de las empresas B2B redujeron costes al aumentar canales. Porque el hecho de tener nuevos canales online libera tiempo de tus comerciales, que pueden dedicarse a tareas de mayor valor añadido como captar *prospects* y, por lo tanto, ganar nuevos clientes (más ventas que diluyen el coste de incorporar un nuevo canal).

Ser omnicanal en B2B también significa comprender por encima de todo que la venta no es una transacción, es una conversación, es una relación. Va de ponerlo fácil y de crear puntos de contacto que permitan un grado superior de conocimiento pero a la vez de intimidad con el cliente. El vendedor no tiene que preocuparse de saber qué va a vender o a facturar hoy, sino qué va a hacer para generar una venta sostenible siempre. Nada nuevo bajo el sol en el mundo comercial. Salvo la escala y la velocidad, porque ahora, gracias al digital, esto se puede hacer a lo grande (con todos los clientes, siempre) y además con una agilidad impensable hace no mucho tiempo.

La conversación ya no gira sobre lo que el vendedor quiere vender, sino sobre cómo el vendedor ayuda a su cliente a ser más competitivo. Ya hemos comentado que el vendedor digital empieza su venta en la red antes de que el cliente haya ni siquiera pensado en comprar su producto, porque si no lo hace así, cuando el cliente se active ya será tarde. La venta de un producto en el mundo digital es permanente, porque la opinión y valoración del mismo es constante y autónoma. El vendedor digital debe participar y liderar la conversación ya existente sobre su producto, pero lo debe hacer de forma honesta y con el objetivo de entender las necesidades reales del cliente para poder ayudarle.

Tradicionalmente, las empresas han conseguido la mayoría de sus ingresos cuando entregan un producto. Ahora consiguen la mayor parte de los ingresos cuando a los clientes les va bien y siguen comprando más y más. Porque han servificado su modelo. El comprador en B2B ya es omnicanal. Ahora debe serlo el vendedor. On y off juntos son imbatibles.

Porque esto va de sumar canales y no de quitar canales.

Más canales = más puntos de contacto = más ventas.

Esto va de supeditarse a los canales que quieren los clientes, y no a la inversa; de ponérselo fácil.

En definitiva, esto va, como siempre, de generar relaciones para que después vengan las transacciones. Solo que con tecnología.

5

El liderazgo en la era de la obsolescencia

En este capítulo voy a intentar responder a una serie de cuestiones que tienen que ver con el tipo de liderazgo que necesitan las compañías del futuro, y reflexionar sobre por qué parece tan complicado virar hacia un liderazgo digital. Centraré la discusión esencialmente en dos roles: el del directivo y el del consejero, porque sin el consejo es muy complejo caminar por el sendero digital.

Así que te invito a que vayas pensando sobre lo siguiente:

- ¿Cómo definirías «digital» para tu empresa? ¿Qué es? ¿Qué directivo/consejero encaja con esta necesidad?
- ¿Tu empresa tiene directivos y consejeros «digitales»? ¿Por qué sí o por qué no?
- ¿Qué es lo que te frena para incorporarlos?
- Si los tienes, ¿qué te han aportado?
- ¿Dónde los encontrarías? ¿Cómo los atraerías?
- ¿Qué capacidades debería tener un directivo/consejero digital?

Para empezar, podríamos definir a un directivo o consejero digital como aquella persona que cumpla uno de estos tres criterios:

- Viene de trabajar en puestos operativos en una compañía de marcado carácter tecnológico.
- Viene de desarrollar labores ejecutivas relacionadas con proyectos tecnológicos en una compañía no tecnológica.
- Pertenece al consejo de una compañía tecnológica.

Es decir, has trabajado en un Google —con lo que tienes medio currículum digital hecho—, has estado metido en la transformación digital de un Bezoya o perteneces al consejo de un Wallapop o Uber de turno.

¿Por qué es tan importante contar en nuestros equipos con profesionales que tengan este perfil? Porque, querido lector, aunque te sorprenda —modo irónico activado— las cosas últimamente han cambiado mucho. Los modelos de gestión que conocemos están inspirados en entornos industriales, es decir, fueron creados entre finales del siglo XVIII y el XIX para gestionar empresas que funcionaban con modelos productivos basados en las manos: el foco estaba en la repetición; no pensar, sino hacer, hacer y hacer. El jefe diseñaba los procesos (pensaba y lo «sabía» todo) y el empleado ejecutaba (sin pensar y sin poder aportar). La jerarquía era clara. La mayoría de los sistemas de *management* que conocemos y empleamos en la actualidad nacen de esta filosofía: el foco se colocaba en la escala y la industrialización.

Cuando evolucionamos hacia una economía centrada en el conocimiento, la repetición pierde valor y lo gana el aprendizaje. Dejamos de pensar en la escala y valoramos la innovación. Los procesos son creados de manera tentativa y como punto de partida, pero están en revisión permanente. Hay que buscar soluciones a problemas complejos y los jefes no siempre tienen la solución. Es un entorno mucho más colaborativo.

Esto cambia la configuración de nuestro mundo, y todo lo que venía de la era industrial se considera, simplemente, factores de higiene. Es decir, la ejecución, la repetición, la consistencia, que eran componentes diferenciales y que nos permitían distinguirnos de la competencia, ya no lo son. Porque las empresas modernas están centradas en la ejecución, pero a través del aprendizaje, en un modelo de continua evolución.

Y así llegamos, tras este caminar por la historia, al concepto de la transformación digital que, en sus orígenes, se utilizaba en el contexto de pequeñas acciones para mantenerse al día en el campo de la tecnología, pero no era una verdadera transformación. Como sucedió cuando pasamos de la etapa de la ejecución-eficiencia a la de ejecución-aprendizaje, los primeros esfuerzos de transformación se centraron en iniciativas: «montemos un e-commerce», «habrá que hacer algo en redes sociales», «pongamos sensores para ver cómo va el internet de las cosas», «desarrollemos una app»… cosas pequeñas que no aprovechan la tremenda oportunidad que ofrece la auténtica transformación digital, que es hacer negocios de una manera distinta.

Estas cosas pequeñas ocupan mucho (demasiado) nuestro tiempo y no nos permiten concentrarnos en lo que de verdad importa. Y ahí es donde entra el consejo de administración, que tiene un papel vital que desempeñar en la transformación digital. Aunque, como siempre, una cosa es predicar y otra es dar trigo: el 63 % de los ejecutivos[58] dicen que ir de la mano con el consejo es fundamental para el éxito de los esfuerzos de transformación, pero solo el 27 % afirman que el consejo sirve como defensor de las estrategias actuales.

Y es que la transformación digital, la auténtica, la de verdad, es la que exige tener la VISIÓN a la que hacía referencia en el primer capítulo de este libro: ¿Qué papel queremos que juegue el entorno digital en nuestra compañía? ¿Cuál es el rol que la tecnología puede asumir para conectar mejor con nuestros clientes? Esta visión debe ser compartida por el consejo y el equipo directivo, con una clara orientación a negocio, mediante el rediseño de procesos y ajustes organizativos.

La transformación digital, por tanto, implica un cambio de mentalidad y la creación de una cultura de transformación que empatice con el cambio y esté dispuesta a aceptarlo. La transformación en la empresa requiere un cambio sobre la visión y una orientación al negocio, pero también una evolución de la organización. Es decir, estamos hablando de un proceso de cambio cultural.

El problema es que cambiar la cultura de una empresa es realmente difícil. Todo lo que hemos explicado en los capítulos previos son datos, investigaciones, cuestiones técnicas, que nos ayudan a comprender variables necesarias para transformar una compañía. Lo complicado es llevarlo a cabo. Porque, al final, todos somos conscientes —con mayor o menor urgencia y alcance— de que es necesario integrar offline y online, pero... ¿cómo movilizo a mi gente? ¿Cómo consigo que la de operaciones lo acepte, que el de marketing lo vea con buenos ojos, que la de ventas lo asuma como algo bueno?

El directivo con perfil digital

¿Qué opinan los directivos del reto digital? Parece que los primeros ejecutivos de las compañías no eluden su responsabilidad en la transformación digital. Saben que depende de ellos, y de su forma de ver el negocio, que una empresa lleve a buen término esta transformación. Es decir, ellos creen que esto ni es un problema de tecnología ni tampoco es tarea solo para el CMO o el CTO. Esto debe supervisarlo el CEO. Según un estudio de McKinsey,[59] y otros muchos que he leído, la tendencia es que progresivamente las compañías cuenten con la «esponsorización» del máximo responsable en estos temas. Es decir, que cuenten con su respaldo. Es el primer paso.

Sin embargo, esto no quita que los CEOs, a su vez, digan que no cuentan con el talento interno ni con la organización necesaria para poder acometer los proyectos digitales. El 90 % de los CEOs[60] creen que sus negocios están siendo disrumpidos o reinventados por modelos de negocio digitales. El 70 % creen que no tienen las habilidades correctas, liderazgo o estructura operativa para la adaptación.

Según la reconocida consultora de selección de ejecutivos Rusell Reynolds, el 72 % de los líderes manifiestan la necesidad de transformarse digitalmente, pero solo el 23 % dicen tener el talento necesario para ejecutar la transformación.

Esto es un problema global. Hasta hace no mucho tiempo (año 2012) según apuntaba Egon Zehnder,[61] alrededor de 100 empresas de todo el mundo tenían ingresos por e-commerce superiores a 1.000 millones de dólares. Un centenar de empresas en todo el mundo es una piscina muy pequeña en la que poder pescar talento para importarlo a otros entornos. Desde entonces la cosa ha mejorado, pero profesionales con la experiencia operativa en compañías con una cierta escala siguen siendo escasos y van muy buscados.

El gran riesgo de los directores generales de las empresas es limitar el enfoque digital a un departamento al que además no dote de los recursos para poder acometer la transformación o, peor aún, que la subcontrate. No debemos confundir el comercio electrónico con la verdadera transformación de una compañía. Esto afecta a toda la empresa. De hecho, deben evitar el trabajo en silos y tratar de movilizar a toda la organización para no caer así en un problema que he observado en múltiples compañías. En muchas organizaciones he visto algo que resulta curioso. En el equipo de comercial o marketing, viendo que el equipo de IT no les entiende, comienzan a contratar perfiles técnicos relacionados con informática para suplir esa ausencia de comprensión. A su vez, en informática, dado que comercial/marketing no les transmite la información como desean, contratan a perfiles comerciales para intentar estar a la altura. Espeluznante.

Por ello, el CEO debe asegurarse de que en su compañía se le presta la atención requerida a este tema en todas las áreas y que a su vez asigna el presupuesto correcto al mismo. Está claro que el CEO va a tener que tomar decisiones difíciles en este viaje, uniendo áreas que hasta ahora no lo estaban. Así, tendrá probablemente que consolidar bajo un mismo techo, por ejemplo, departamentos de contacto con el cliente que hasta ahora estaban dispersos en la organización. Deberá organizar los equipos alrededor de los clientes y no alrededor de las áreas funcionales. Esto exige tener mucha visión y coraje una vez más.

Las capacidades que los ejecutivos deberán cultivar si desean participar en la carrera digital serán algunas de las siguientes:

- Establecer la estrategia a seguir sin perder en absoluto la capacidad de llevarla a la práctica. Todo va muy rápido y no podemos quedarnos en el plano conceptual; esto va de implantar y movilizar a la compañía.

- Tener sensibilidad cultural por la diferencia, tanto para capturar talento para sus equipos como para gestionarlo. Los expertos en digital, por una cuestión de edad muchas veces (son más jóvenes), ven el mundo de una forma completamente distinta. Los ejecutivos del siglo XXI deben ser capaces de comprender esto.

- Sumar voluntades de equipos muy diferentes, puesto que es habitual que la transformación exija subir al barco al mayor número de colaboradores de áreas muy distintas. Esto implica desarrollar una habilidad para mover la organización hacia el cambio construyendo alianzas, negociando e influyendo en todos los grupos de interés.

- Deberá seguro tener una mente analítica que le permita ser un experto en datos.

Si lo pensamos, la mayoría de las capacidades son las de aquel jefe que tuvimos hace años y al que admirábamos. Es decir, no son tan nuevas, porque este cambio lleva en marcha ya un tiempo.

El buen consejero digital

Siguiendo con los consejos de administración ¿están listos para asumir este reto? En general, va a ser que no.

Un estudio publicado en la HBR[62] en el año 2012, basado en el análisis[63] de más de 3.000 consejeros de compañías que pertenecían al Fortune 100 en las regiones de Asia, Europa y Norteamérica (con un total de 300 compañías analizadas), concluía que solo 18 empresas tenían un consejo con una fuerte presencia de consejeros digitales y 69 disponían de alguna presencia de profesionales con conocimiento digital. Más de 200 no tenían ni un consejero con conocimiento digital.

El problema persiste porque el 17% de los CEOs decían en 2015[64] que los consejos esponsorizaban iniciativas digitales, y el 16% afirmaban que comprenden cómo cambian las dinámicas de su industria. Pero obviamente el dato leído a la inversa deja claro cuál es el panorama.

En otra investigación llevada a cabo por Korn Ferry[65] se señalaba que más de la mitad de los consejos no consideraban como muy importante o de importancia vital los asuntos sobre digital.

Así que, si a un consejo no le interesa lo digital, yo que tú vendería tus acciones en esa compañía. Analizando todas las empresas de Forbes Global 2000,[66] virtualmente TODAS están desarrollando algún tipo de transformación digital... pero solo

1 de cada 8 lo ha entendido y lo hace bien. Aun así, el 50% está fracasando.

La cuestión de cultura (que debe estar empujada en gran medida desde el consejo) no es baladí, porque además tiene un reflejo en la retención de los equipos. Las empresas que se atascan en su transformación digital (no han conseguido mover sus cimientos culturales para llevar a cabo el cambio) sufren un efecto muy peligroso a corto y medio plazo: el talento huye despavorido.

El 30% de los vicepresidentes y directores que manifiestan que su empresa no les está dando la oportunidad de desarrollarse en un entorno digital corren el riesgo de abandonarla en un año. Si no veo que en la empresa se respira el espíritu digital que hay en el mundo, me voy.

Incluso en las compañías que se encuentran en las primeras etapas del desarrollo digital, más del 50% de los empleados dicen que planean dejar sus organizaciones en menos de tres años.

Y más del 20% planean irse dentro de un año.

Sin embargo, en las empresas digitales, por otro lado, solo el 25% de los empleados esperan buscar mejores perspectivas en los próximos tres años, y solo el 4% tienen planes para partir dentro de un año. Cuanto más digital es una empresa, más fácil es retener el talento.

En una encuesta de Spencer Stuart,[67] realizada sobre el perfil de los consejeros del S&P 500, se muestra que casi el 20% de los nuevos consejeros tienen experiencia en las industrias de tecnología o telecomunicaciones (el 80% no). Por lo tanto, las principales fortalezas de los consejos continúan siendo la estrategia y el ámbito financiero. De hecho, solo el 12% sugieren que aportan algo a nivel tecnológico.

¿DÓNDE ESTÁ LA TECNOLOGÍA?

¿Cuál de las siguientes habilidades o áreas de conocimiento aportas personalmente al consejo de administración? (se solicitó a los encuestados que seleccionaran todas las respuestas que correspondieran)

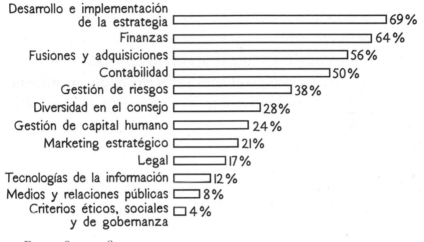

Desarrollo e implementación de la estrategia — 69%
Finanzas — 64%
Fusiones y adquisiciones — 56%
Contabilidad — 50%
Gestión de riesgos — 38%
Diversidad en el consejo — 28%
Gestión de capital humano — 24%
Marketing estratégico — 21%
Legal — 17%
Tecnologías de la información — 12%
Medios y relaciones públicas — 8%
Criterios éticos, sociales y de gobernanza — 4%

Fuente: Spencer Stuart.

Por tanto, del mismo modo que la empresa debe digitalizarse, estaría muy bien que el consejo elevara su «cociente digital» (así lo llaman algunas empresas y es un concepto que encuentro acertado), porque es muy complicado supervisar la transformación digital si no la entiendes. Aquí van unas tecnoideas para consejeros (y quien quiera) que pueden ayudarte a ser más «amigo» de la tecnología:

- Ponte manos a la obra y usa más la tecnología en tus actividades del día a día: experimenta con la realidad aumentada, utiliza *wearables* para hacer deporte… Al explorar estas tecnologías, siempre se obtienen *insights* sobre el punto de vista de la experiencia humana de cómo trabajan.
- Escucha a los que se encargan de impulsar las estrategias digitales de la compañía: te pueden informar sobre las

últimas tecnologías, inversiones digitales y estrategias de innovación.

- Ten en cuenta la importancia de dedicar tiempo (fuera de las reuniones del consejo) para adquirir y mantener conocimiento en el mundo digital con educación continua a través de cursos online, newsletters, podcasts, o asistiendo a conferencias centradas en tecnologías digitales dirigidas a ejecutivos sénior y miembros de consejos. Esto te permitirá mantener la velocidad y seguir al día. La tecnología cambia todos los días, lo nuevo e innovador de hoy puede estar caducado mañana.

- Asegúrate de que lo digital sea parte de la discusión general de la estrategia y de las reuniones del consejo: es importante que los consejeros hablen regularmente con los gestores sobre los planes digitales estratégicos de la compañía. Por ejemplo, el CEO debe estar preparado para explicar qué jugadores de dentro o fuera de su industria podrían influir en el negocio.

Este «cociente digital» aumentado sirve a los miembros del consejo para ayudar al CEO a saltar la brecha digital. Es una labor que requiere de una combinación a partes iguales de esfuerzo y tiempo.

De hecho, el consejo debe prestar especial atención a valorar si el/la CEO es la persona correcta para llevar a cabo la transformación digital. Las empresas crecen o decrecen en gran parte debido a sus CEOs. Por ello hay que asegurar que tu CEO está enfocado a la digitalización y que es una persona que se siente cómoda con el cambio. Aquí el consejo debe ayudar al CEO a reimaginar la empresa. Por ejemplo, si la tendencia en una determinada industria es atender las necesidades individuales de los clientes mediante plataformas digitales con algoritmos o inteligencia artificial, el CEO debería ser capaz de conceptualizar y explicar los detalles de cómo funcionaría el modelo de plataforma, y qué nuevas capacidades necesitaría la compañía para construirlo.

El consejo también debe tratar de defender al CEO durante la transformación digital contra las reacciones internas, externas y de la comunidad inversora y de otros grupos de interés. Las *startups* digitales pueden convencer a los inversores de que pospongan las ganancias, pero las compañías tradicionales tienen más dificultades para vender ese mensaje a los accionistas, que no estarán precisamente contentos si los beneficios disminuyen, aunque sea temporalmente.

Un buen consejo debe apoyar al CEO cuando la presión que viene asociada con la transformación digital aumente (y lo hará). De hecho, algunos consejeros pueden sentirse incómodos con el plan y/o con el CEO. Hay que saber resistir en el consejo a preguntas como: ¿Estamos cambiando el modelo de negocio? ¿No estamos echando a demasiada gente y contratando tipos muy raros? La resistencia a la realidad de la digitalización es una buena razón para acelerar el cambio.

Para todo ello, el rol del presidente del consejo cobra protagonismo, asegurando que en el consejo se trate toda la variedad de asuntos del entorno económico que pueden afectar a la empresa. Es un papel crítico, debido a la velocidad a la que se suceden los acontecimientos debido en parte al digital.

Por lo tanto, si estás en el consejo, tu labor debería centrarse en ayudar a la empresa a crear una ventaja sostenible en el largo plazo. En el entorno actual, esto incluye una comprensión amplia de los beneficios y riesgos asociados con la transformación digital, incluyendo los riesgos de no hacer absolutamente nada.

Define transformación digital

Para hacer todo lo anterior, lo primero que deberíamos comprender es qué es transformación digital, y qué no lo es para tu compañía. La transformación digital no va solo de tecnología, sino que consiste en entender cómo una empresa puede competir mejor usándola. Muchas veces se confunde la transformación digital con la disrupción, y puede ser que la primera te lleve a la segunda, pero no son lo mismo (puedes utilizar la tecnología para mantenerte vivo y saludable en tu negocio o puedes usarla para cambiar tu empresa y llevarla a un nuevo negocio totalmente distinto).

A continuación, hay que preguntarse si existe o no una estrategia digital, y hay que entender cómo el digital encaja en la estrategia global de la empresa para el éxito a largo plazo.

En este sentido, podríamos decir que hay tres maneras de preparar la estrategia incorporando el digital:

- *Mejorar el* core: Usa el digital para ampliar el modelo de negocio existente y las vías de ingreso actuales. Por ejemplo, introduciendo sensores en las fábricas para mejorar la eficiencia o predecir problemas que pudieran causar retrasos en la producción.
- *Mover a un mercado adyacente parte del negocio*: Usa innovaciones digitales para aprovecharte de nuevas vías de ingresos. Por ejemplo, con más coches conectados; los fabricantes pueden vender datos a empresas de seguros.
- *Crear un negocio completamente nuevo*: Amplía las fronteras de tu negocio actual. Por ejemplo, algunos fabricantes de coches se han pasado al coche compartido, creando ingresos de un modelo más de tipo alquiler que de propiedad.

Y, por último, hay que ser ambicioso. Piensa a medio y largo plazo. Las empresas que han tenido mucho éxito en el pasado tienden a ser más asustadizas cuando toca ejecutar una gran transformación. El éxito a largo plazo mediante la transformación requiere de mucho más que simplemente ir malgastando tiempo y dinero en una serie de iniciativas digitales pequeñas como hacer una app o rediseñar la web.

El consejero independiente: cómo es y dónde encontrarle

La velocidad y la amplitud del cambio tecnológico es enorme. Tanto, que los consejos necesitan consejeros independientes digitales (NED, o *non executive directors* en inglés) que no solo hayan tenido un trabajo relacionado con lo digital, sino que sean perfiles eminentemente digitales, que vivan en una cultura digital.

Como bien nos cantaba José Luis Perales, con ese animado y alegre estilo suyo que le caracteriza: «Y… ¿cómo es él? ¿En qué lugar se enamoró de ti? Pregúntale… ¿a qué dedica el tiempo libre?». ¿Cómo son estos NEDs? ¿Cómo hacemos que se enamoren de nuestra empresa y nos ayuden en nuestra transformación digital?

Los NEDs digitales son más jóvenes y tienen menos probabilidades de tener experiencia en el consejo de una empresa cotizada. Tienden a ser más inquietos y abrazan de manera genuina la tecnología. Tienen una cultura y un conjunto de motivaciones diferentes de los típicos miembros de un consejo. Su estilo de trabajo suele ser colaborativo, creativo y emprendedor.

A estos NEDs solo les interesa lo digital. En cada tema, el NED digital pregunta: «¿Qué significa eso para el digital?». Rara vez son pasivos: quieren sentir que están marcando una diferencia real en la empresa a la que se incorporan. Y les motiva aprender sobre la dinámica del consejo de administración, obtener información sobre modelos de gobierno sofisticados y ampliar sus conocimientos. Porque, si vienes de una *startup* de 10 personas que ha desarrollado una aplicación increíble para buscar setas en el monte, te interesa conocer cómo funcionan las tripas de la empresa a cuyo consejo te has incorporado y que tiene 6.000 empleados. Tú aportas tu *expertise* digital y esperas recibir otras experiencias a cambio.

En este punto también influye mucho con quién comparten el consejo. Mola estar en uno de ellos compartiendo mesa con Jack Welch, con Warren Buffett o Ana Patri (Ana Patri es como Amancio, solo hay una).

Ahora que ya sabes cómo son, solo tienes que buscar el perfil de NED digital que mejor se adapte a tus necesidades. En los últimos cinco años (de 2012 a 2017), se ha visto cómo los perfiles más solicitados para incorporarse al consejo de una empresa iban madurando en cuatro categorías diferentes:

- *Digital thinker*: el zorro viejo. Tiene poca interacción con el digital, pero comprende conceptualmente el entorno. No es nativo digital, pero ha estado en el *board* de una empresa digital.
- *Digital disruptor*: el friki. Está muy metido en el digital, a menudo con experiencia en una empresa *pure player*. En general, este perfil es el que menos amplitud de negocios tiene.
- *Digital leader*: el sospechoso habitual. Tiene experiencia sustancial en empresas tradicionales que usan el digital de manera importante, como medios o *retail*. Puede que tenga menos experiencia a fondo en el digital, pero sí ha sabido gestionar la disrupción siendo director general.
- *Digital transformer*: la hormiguita trabajadora. Este perfil es el típico director que ha gestionado o participado en la

transformación de un negocio tradicional. No es tan sénior como un *digital leader*, pero es más astuto digitalmente hablando.

Muy poca gente tiene esta experiencia. Por tanto, hay una guerra abierta por la conquista del talento de este tipo de profesionales. Y ellos, como el meme de Julio Iglesias, lo saben.

Algunos ejemplos de consejeros independientes con fuerte componente tecnológico, que se han incorporado a empresas de la economía «tradicional», son:

- Amparo Moraleda, con un pasado en IBM, está en el consejo de Meliá Hotels, Airbus o Caixabank.
- Rosa García, con experiencia en Microsoft, ocupa puestos en el consejo de Acerinox y Bankinter.
- Fuencisla Clemares es la directora general de Google España y Portugal, y ocupó una posición en el consejo de Adolfo Domínguez (si bien ya no sigue en dicho consejo) y sí mantiene su asiento en Aecoc.
- Mark Vadon, fundador de la empresa Blue Nile (vende diamantes por internet con un ticket medio por anillo de compromiso cercano a los 6.000 dólares), se sienta desde hace años en el consejo de Home Depot, una conocida empresa que vende productos de bricolaje (imagino que debieron de pensar que, si Mark podía vender por internet anillos de miles de pavos, podría ayudarles a ellos a vender por la red tornillos de 20 céntimos).

¿Dónde encontrarlos? La demanda es increíble, así que debemos pensar con amplitud de miras y buscar en todas las fuentes posibles: tecnología móvil, hardware, software, *retailers* con plataformas de comercio electrónico sólidas… El talento también puede encontrarse en ciertos servicios públicos (*utilities*) y académicos.

e-commerce	Empresas nativas de internet
Tiendas multicanal (Zara, El Corte Inglés, Fnac)	Buscadores y contenido (Google, Yahoo)
e-commerce de internet (Amazon, eBay)	Redes sociales (Facebook, Twitter)
Agencias	**Proveedores de plataforma e intermediarios**
Agencias digitales	
Consultores y servicios profesionales	Pagos (Paypal)
Capital riesgo, *private equity* (Accel Partners, Conector)	Alojamiento web
	Seguridad
Servicios públicos y *utilities*	**Academia**
Empresas públicas	Profesores de escuelas de negocios
Utilities (Gas Natural, Endesa)	Doctores de universidades

Fuente: Korn Ferry.

La pregunta que debemos hacernos no es qué perfil es el mejor, sino cuál es el mejor para las necesidades y capacidades de mi organización. Seguro que te vendría bien fichar a un Messi, pero quizá lo que de verdad necesitas es contratar a un Jordi Alba. El jugador que mejor encaje en tu equipo.

Una vez lo has detectado, tienes que integrarlo en tu consejo. Integrar a un NED digital en un consejo tradicional no es trivial. El presidente debe establecer las reglas básicas de su rol y explicar las expectativas de una manera concreta tanto a él como a los demás miembros del consejo, teniendo en cuenta que el nuevo NED necesita reconocer que puede contribuir más allá de lo puramente digital.

Es muy importante la generación de una buena química del NED con el consejo y el presidente, dando la relevancia necesaria a los asuntos digitales para que el consejo no parezca una guerra del NED contra el resto del mundo. En este sentido, si contamos con más de un NED digital en nuestro consejo, se multiplica la capacidad de influencia. Los NEDs digitales necesitan más que otros consejeros un plan de inducción más «delicado», dedicar mucho tiempo a que conozca a los demás miembros del consejo, a los directivos clave… porque el nuevo NED tiene otro estilo y otras capacidades muy distintas. Integrar talento digital requiere un mayor esfuerzo.

Como hemos repetido a lo largo de este libro, en la transformación digital, la palabra importante es TRANSFORMACIÓN. Porque la tecnología no da valor a un negocio (salvo que tu negocio sean los productos tecnológicos, evidentemente), sino que es lo que nos permite hacer negocios de una manera diferente. Las empresas deberían estar hablando de modelos de negocios y estrategia, y utilizar el digital como una herramienta facilitadora.

Los líderes digitales Pata Negra no piensan que la transformación digital es un proyecto, sino una capacidad. Crean una visión transformadora, involucran a su gente en esa visión y luego desarrollan los esfuerzos de transformación digital. Estos líderes, lamentablemente, saben que van a caducar. Son conscientes de que se enfrentan a una obsolescencia programada, como la de nuestro iPhone 6, y que están preparando a una nueva generación que les va a superar, porque la transformación no para y la velocidad a la que se produce cada vez es mayor.

Lideramos para quedarnos obsoletos. ¿No es bonito?

Epílogo

Llegamos al final del libro. Como la tecnología digital, que, tal y como la conocemos, está tocando a su fin. Afirmación un poco extrema, lo sé. En España, decirlo quizá sea más alarmista por tratarse de un país de PYMEs, que en su mayoría apenas han exprimido la oportunidad digital (el 99 % de las empresas en España son pequeñas y medianas, generan alrededor del 70 % del empleo, según datos del Ministerio de Economía, Industria y Competitividad, y suponen algo más del 60 % del PIB).

Transcurren décadas desde que se inventa una tecnología hasta que está extendida. La digital está ya muy presente de una forma u otra en nuestra sociedad porque hace tiempo que comenzó su expansión. Es evidente que lo digital comienza a ser algo mundano. No dejaremos de usarlo (queda mucho camino por recorrer), pero una nueva tecnología superior debería convertirse en el objetivo (la obsesión, según se mire) de las empresas que quieran estar a la vanguardia. Se intuye la llegada de una nueva ola de cambio para la sociedad y la economía que dejará obsoleta, como factor de higiene, a la tecnología actual. Así que, si no has comenzado tu recorrido digital, te animo a hacerlo a toda velocidad.

Aquí van algunas de las ideas que considero importante recordar. Son 10 mandamientos, factores de higiene, incluso diría yo, para poder sobrevivir en este nuevo entorno:

1. Cuanto más cambia el mundo, más hay que volver al origen: escuchar y entender lo que te piden los clientes.
2. El objetivo último no es vender más, sino vincular al cliente. Las ventas son una consecuencia.
3. El gran reto es integrar canales, no separarlos. Las empresas que lo hacen bien son omnicanales en su manera de conectar con sus clientes.
4. Con cada interacción, los consumidores eligen qué empresas apoyan: con su dinero, sus datos o su capital social.
5. La tienda del futuro no es ni física, ni online, ni todo lo contrario. Es tu tienda. Con su lado físico y su lado online.
6. Con el digital se difumina la línea de compra: compramos 24 horas al día. También en el B2B.
7. La ecuación del *retail* del siglo XXI: marca + experiencia *end to end* = valor para el cliente.
8. El e-commerce en B2B es mucho más grande que en B2C.
9. El vendedor tiene mucho futuro, pero será un vendedor distinto. Nace una nueva raza de vendedores: los ALGORIALES (una mezcla entre algoritmos y comerciales).
10. Uno de los *trending topics* empresariales es la Transformación Digital. Pero nos asusta el «Digital» cuando lo que debería preocuparnos es la «Transformación». Ahí está el futuro de vuestras organizaciones.

Todas estas reflexiones, que son de perfil más bien técnico, deben, en cualquier caso, superar antes un primer escollo para poder salir adelante: la miopía digital de la que adolecemos la mayoría de nosotros. Es decir, comprender que nada es posible si no trabajamos aspectos que tienen que ver con la cultura de la empresa. Una cultura de transformación constante. De aprendizaje perpetuo. De cambio permanente. Donde el digital es un mero facilitador para conectar con nuestros clientes.

Por ello, no me cansaré de repetirlo. Debemos tener una visión digital nítida, puesta en un horizonte, de nuestros negocios, que ilumine el camino: cómo conectar mejor con nuestros clientes, es decir, cómo construir relaciones con ellos. Hay por lo tanto un mandamiento adicional, quizá el 0, sobre el que se edifica el resto: tener claro cómo construir relaciones con los clientes. Esa es la meta. Y sé que no es fácil. Para los directivos, es un reto monumental lograrlo en este nuevo entorno en el que todo cambia. De hecho, sobre esta temática y otras relativas al liderazgo en un contexto donde la incertidumbre es enorme me gustaría investigar y escribir en el futuro (¿quizá el siguiente libro?). Sabiendo el directivo que el cambio (profundo y acelerado) es la norma, ¿qué permanece en un mundo en que todo cambia? ¿Cómo gestionar en este entorno? Sobre todo, ¿cuál es el verdadero impacto de la transformación digital en los profesionales que componen las empresas y organizaciones y, en definitiva, tienen que llevar a la práctica esta transformación?

Si respondemos adecuadamente estas preguntas, estaremos en mejor posición para conquistar el presente y el futuro de la relación con nuestros públicos avanzando hacia un futuro mejor. Porque, como decía en el prólogo del libro, espero que su lectura te haya ayudado a recorrer, aunque sea unos milímetros, el camino de la integración, contribuyendo a desarrollar una empresa «Winner».

Agradecimientos

Ser autónomo es lo más parecido a tener salud infinita. Nunca te pones enfermo. Quizá esto es lo primero que debería agradecer a... ¿la providencia?, que no estoy enfermo nunca. Y que dure. Gracias.

Al margen de mi salud, este libro es el resultado del trabajo de un montón de gente.

El primero al que agradecer el libro es Pach, Antonio Pacheco, por su apoyo incansable a mi lado redactando el libro. Agradezco su ironía. Me encanta que un físico demuestre que se puede ser lo que uno quiere; en su caso, un tipo estupendo con ideas buenísimas, como así lo avalan sus premios en certámenes creativos allende fronteras.

Igualmente a Miquel Vidal Villoria, el actor en la sombra de muchas de las cosas que hago. Siempre atento a mis chaladuras, me acompaña en mil y una batallas, aportando, escuchando. Y eso que es ingeniero en telecomunicaciones.

Al equipo de Penguin Random House Grupo Editorial, encabezado por Núria Cabutí, que años atrás me pidió dar una conferencia en su empresa y tras ello me sugirió escribir un libro, este, que he construido especialmente de la mano de Joan Riambau y Carlos Martínez.

A mi profesor Víctor García Perdomo, que me cambió por completo con una paciencia infinita tras años de trabajo cuando tenía menos de 15 años.

A Globalpraxis, que me apoya constantemente en tareas de investigación.

A todos los que me han ayudado a avanzar, que han sido muchos, incontables incluso.

También al IESE Business School (Universidad de Navarra) (no solo los profesores, sino todos), porque me ayudó a entender lo que es el rigor, proyectó mi futuro laboral al campo de la empresa y me transformó como persona, primero como alumno y después como parte del claustro. Lo aprendido allí me acompaña cada día en mis nuevos retos como docente, divulgador y consultor en innovación empresarial.

Bibliografía

1. Prensky, Marc, «Digital Natives, Digital Immigrants», MCB University Press, 2001.

2. DiSalvo, David, *Brain Changer: How Harnessing Your Brain's Power to Adapt Can Change Your Life*, Dallas, BenBella Books, 2013.

3. Prochaska, James O.; Norcross, John C.; DiClemente, Carlo C., *Changing for Good*, Avon Books, 2000.

4. Norcross, John C., *Changeology: 5 Steps to Realizing Your Goals and Resolutions*, Simon & Schuster, 2012.

5. «How many stores will we really need? UK non-food retailing in 2020», Javelin Group, 2011.

6. Harari, Yuval Noah, *Homo Deus: Breve historia del mañana*, Editorial Debate, 2017.

7. «On Solid Ground: Brick and Mortar Is the Foundation of Omnichannel Retailing», A. T. Kearney, 2014.

8. Dolan, Robert J., «Note on Marketing Strategy», Harvard Business School, 1997.

9. «Omnichannel Shopping Preferences Study», A. T. Kearney, 2014.

10. Gallino, Santiago; Moreno, Antonio, «Integration of Online and Offline Channels in Retail: The Impact of Sharing Reliable Inventory Availability Information», Management Science, 2014.

11. Gallino, Santiago; Moreno, Antonio; Bell, David R., «How to Win in an Omnichannel World», *MIT Sloan Management Review*, 2014.

12. Chaudhuri, S., «IKEA Opens More Click-and-Collect Stores as Customers Move Online», *The Wall Street Journal*, 2016.

13. Cheng, A., «How US Retailers Stack Up in the Global Omnichannel Race», eMarketer, 2017.

14. Broen, Michael J.; Farmer, Daniel K.; Genenthiran, Nillam, «Recasting the Retail Store in Today's Omnichannel World», A. T. Kearney, 2013.

15. Global Commerce Review – United States Q1 2018, Criteo, 2018.

16. «Beyond the checkout cart», *MIT Technology Review*, 2013.

17. «Retail e-commerce sales worldwide from 2014 to 2021», eMarketer y Statista, 2018.

18. «Global Powers of Retailing 2015», Deloitte, 2015.

19. Liu, Cindy; Bendsten, Christopher; Johnson, Marcus; Orozco, Óscar; Peart, Monica, «Worldwide Retail Ecommerce Sales, The eMarketer forecast for 2016», eMarketer, 2016.

20. Hallowell, Roger, «Virtuous Cycles: Improving Service and Lowering Costs in E-Commerce», *Harvard Business Review*, 2002.

21. Eisingerich, Andreas B.; Kretschmer, Tobias, «In E-commerce, More Is More», *Harvard Business Review*, 2008.

22. Collier, Joel E.; Bienstock, Carol C., «How Do Customers Judge Quality in an E-tailer?», *MIT Sloan Management Review Magazine*, 2006.

23. «Virtuous Cycles: Improving Service and Lowering Costs in E-Commerce», *op. cit.*

24. «Retail Innovation Consumer Survey», McKinsey, 2013.

25. VV.AA., «nielsen Global E-Commerce and the New Retail Survey Q3 2014», Nielsen N. V., 2014, y VV.AA., «Nielsen Global E-commerce and the New Retail Survey April 2015», Nielsen N. V., 2015.

26. VV.AA., «Omnichannel's Missing Link report», CMO Council y Netsertive, 2016.

27. Rigby, Darrell K., «Digital-Physical Mashups», *Harvard Business Review*, 2014.

28. «Nielsen Global E-Commerce and the New Retail Survey April 2015», *op. cit.*

29. VV.AA, «Global Digital Future in Focus», ComScore, 2016.

30. «E-Commerce and the New Retail Survey April 2015», *op. cit.*

31. VV.AA., «The future of e-commerce in FMCG», Kantar, 2016.

32. VV.AA., «Are Groceries the Next Big Driver of Global eCommerce?», Morgan Stanley, 2016.

33. Galante, Nicolò; García López, Enrique; Munby, Sarah, «The future of online grocery in Europe», McKinsey, 2013.

34. VV.AA., «State of Amazon», BloomReach and Survata, 2016.

35. «Worldwide Retail and Ecommerce Sales», *op. cit.*

36. Li, Charlene; Bernoff, Josh, «Groundswell: Winning in a World Transformed by Social Technologies», Harvard Business School Press, 2008.

37. Baumgartner, Thomas; Hatami, Homayoun; Valdivieso de Uster, Maria, «Sales Growth: Five Proven Strategies from the World's Sales Leaders», Wiley, 2012.

38. Snyder, Kelsey; Hilal, Pashmeena, «The Changing Face of B2B Marketing», Google, 2015.

39. Frey, Carl Benedikt; Osborne, Michael A., «The Future Of Employment: How Susceptibles Are Jobs To Computerization?», University of Oxford, 2013.

40. Weiss, E. B., *The Vanishing Salesman*, McGraw-Hill NY, 1962.

41. Hoar, Andy, «Death of a B2B Salesman», Forrester, 2015.

42. Zoltners, Andris A.; Sinya, Pk.; Lorimer, Sally E., «Despite dire predictions, salespeople aren't going away», *Harvard Business Review*, 2016.

43. «Death of a B2B Salesman», *op. cit.*

44. VV.AA., «Building The B2B Omni-Channel Commerce Platform Of The Future», Accenture, 2014.

45. «Death of a B2B Salesman», *op. cit.*

46. «The Changing Face of B2B Marketing», *op. cit.*

47. Hoar, Andy, «US B2B eCommerce Forecast: 2015 To 2020», Forrester, 2015.

48. «Building The B2B Omni- Channel Commerce Platform Of The Future», *op. cit.*

49. Cespedes, Frank V., «Sales Still Matters More than Social Media», *Harvard Business Review*, 2014, y Cespedes, Frank V.; Bova, Tiffani, «What Salespeople Need to Know About the New B2B Landscape», *Harvard Business Review*, 2015.

50. VV.AA., «Jobs lost, jobs gained: Workforce transitions in a time of automation», McKinsey Global Institute, 2017.

51. Foncillas, Pablo, *¿A qué dedican el tiempo los vendedores del siglo XXI?: derrumbando mitos*, Harvard Deusto, 2016.

52. «The Changing Face of B2B Marketing», *op. cit.*

53. Roetzer, Paul, *The marketing performance blueprint*, John Wiley & Sons Inc, 2014.

54. Narus, James A., «B2B Salespeople Can Survive If They Reimagine Their Roles», *Harvard Business Review*, 2015.

55. «Sales Still Matters More than Social Media», *op. cit.*, y «What Salespeople Need to Know About the New B2B Landscape», *op. cit.*

56. Barnes, Hank; Bova, Tiffani, «Tech Go-to-Market: Effective Sales Interactions Guide Buyers Forward Through Insights and Added Value», Gartner, 2015.

57. Hoar, Andy, «The Case for Omnichannel B2B», Forrester, 2016.

58. Augustson, Jonas, *et al.*, «Digital Pulse: 2017 Outlook & Perspectives from the Market», Russell Reynolds Associates, 2017.

59. Brown, Brad; Sikes, Johnson; Willmott, Paul, «Bullish on digital: McKinsey Global Survey results», McKinsey & Company, 2013.

60. Kane, Gerald C., *et al.*, «Aligning the Organization for Its Digital Future», *MIT Sloan Management Review*, 2016.

61. VV.AA., «Is Your Shopping Cart for eCommerce Talent Empty?», Egon Zehnder International, 2012.

62. Rayport, Jeffrey F.; Rickards, Tuck, «Do You Have the Digital Leaders You Need?», *Harvard Business Review*, 2012.

63. VV.AA., «Digital Economy, Analog Boards: The 2012 Study of Digital Directors», Russell Reynolds Associates, 2013.

64. Sarrazin, Hugo; Willmott, Paul, «Adapting your board to the digital age», McKinsey Quarterly, 2016.

65. VV.AA., «The Digital Board», The Korn Ferry Institute, 2013.

66. Rogers, Bruce, «Why 84 % Of Companies Fail At Digital Transformation», *Forbes*, 2014.

67. Spencer Stuart, VV.AA., «What directors think survey report: speed kills», Spencer Stuart, 2018.

Descubre tu próxima lectura

Si quieres formar parte de nuestra comunidad,
regístrate en **libros.megustaleer.club**
y recibirás recomendaciones personalizadas

Penguin
Random House
Grupo Editorial

 megustaleer